유튜브 + 쇼츠 채널 개설부터 편집 방법과 업로드 전략까지!

유튜브
+ 쇼츠 크리에이터
쉽게 배우기

| 강민형 저 |

DIGITAL BOOKS
디지털북스

저자 강민형
약 14만 명의 구독자를 보유한 유튜브 전문 교육 채널 '유튜브랩' 공동대표이
며, 유튜브 전문가. '누구나 자신만의 가치를 알리는 영상 채널을 가질 수 있
다'는 비전을 품고 해마다 250건 이상의 콘텐츠 교육을 진행하고 있습니다.

現
유튜브랩 공동대표 / 세종사이버대학교 유튜버학과 교수 / Google 유튜브 컨트리뷰터 /
피크닉콘 총괄PD / 1인미디어 콘텐츠 크리에이터 자격시험 출제위원

저서
그들은 어떻게 유튜브 스타가 되었는가 (2018) / 유튜브 크리에이터 쉽게 시작하기 (2019) /
유튜브 기록장 (2020) / 당신의 유튜브를 컨설팅해드립니다 (2021) / 유튜브 교과서(2022)

약력
- **강의:** 대한민국육군, 중앙 교육 연수원, 국립 중앙도서관, 한국전파진흥협회, 삼성생명, LG U+, CJ도너스캠프, KT, YBM, 농협, 신한은행, 현대백화점, 경희대학교, 부산대학교, 부산외국어대학교, 한국외국어대학교 외 다수
- **강연:** 국립과천과학관, 방송콘텐츠진흥재단, 한국언론진흥재단, 미디어강사연합회 외 다수
- **컨설팅:** 경기도1인크리에이터 프로그램, 판교경기문화창조허브, 부천문화재단 외 다수
- **방송:** Google Educator Group 교원 연수프로그램 유튜브 브런치, SBS 그것이 알고 싶다 외 다수

HOME PAGE: http://picniccon.com
KAKAO TALK: 유튜브 쇼츠 콘텐츠 크리에이터
INSTAGRAM: @you.tubelab2.0
YOUTUBE: @youtubelab2.0

유튜브 + 쇼츠 채널 개설부터 편집 방법과 업로드 전략까지!

유튜브
+ 쇼츠 크리에이터
쉽게 배우기

| 만든 사람들 |
기획 IT · CG기획부 **| 진행** 양종엽 **| 집필** 강민형 **|**
표지 디자인 원은영 · D.J.I books design studio **| 편집 디자인** 이기숙 · 디자인숲

| 책 내용 문의 |
도서 내용에 대해 궁금한 사항이 있으시면
저자의 블로그나 이 책의 참조 사이트를 통해서 해결하실 수 있습니다.

디지털북스 홈페이지 digitalbooks.co.kr
디지털북스 페이스북 facebook.com/ithinkbook
디지털북스 인스타그램 instagram.com/digitalbooks1999
디지털북스 유튜브 유튜브에서 [디지털북스] 검색
디지털북스 이메일 djibooks@naver.com

| 각종 문의 |
영업관련 dji_digitalbooks@naver.com
기획관련 djibooks@naver.com
전화번호 (02) 447-3157~8

《〈유튜브 & 쇼츠 크리에이터〉》를 쓰기 위해 흰 화면을 마주할 때마다, 유튜브랩을 시작하기 위해 카메라를 켜던 때가 떠오릅니다. 유튜브를 체계적으로 가르치는 커리큘럼이 없던 때 '나는 제대로 하는 중인가?' 하는 막막함과 '유튜브를 통해 어떤 미래가 펼쳐질까?' 하는 기대감이 교차했습니다. 숨을 고르며 녹화 버튼을 누르던 초보 크리에이터는 이제 우리나라의 기관과 기업 그리고 대학에서 크리에이터를 양성하는 전문가로 인정받게 되었습니다.

그저 카메라를 켰을 뿐인 제가 지금까지 해마다 250건 이상의 강의, 강연, 컨설팅 등 교육을 진행하면서 5권의 책을 집필할 수 있었던 원동력은 바로 '유튜브 콘텐츠'입니다. 그동안 유튜브랩 채널에 올린 영상을 바탕으로 유튜브 외의 활동을 이처럼 활발하게 할 수 있었습니다. 이 책을 읽으시는 여러분들도 유튜브를 시작하시면 자신만의 분야에서 두각을 드러내는 일이 더욱 빨라지리라 확신합니다.

왜냐하면, 이전보다 더 쉽고, 더 빠르게 콘텐츠를 제작할 수 있도록 유튜브가 환경을 제공하고 있기 때문입니다. AI를 활용하여 배경을 만들 수 있는 '드림 스크린', 내 채널에 어울리는 콘텐츠 초안을 제공하는 'AI 인사이트', 간단하게 편집이 가능한 '유튜브 크리에이트' 어플리케이션까지……. 앞으로 유튜브는 창작자의 개성이 넘치는 영상 콘텐츠 제작을 위한 서비스에 힘을 더 쏟을 것으로 보입니다. 그래야 더 많은 양질의 영상이 나오게 되고, 그 결과 유튜브가 성장하게 될 것이니까요.

저 또한 유튜브 전문 교육 채널 운영 경험, 유튜브 컨트리뷰터로서 최전선의 정보를 얻을 수 있다는 점, 수 년간 기업과 기관, 대학 등 교육 현장에서 크리에이터 양성 경험과 데이터를 바탕으로 한 노하우를 여러분들께 나눠드리겠습니다.

단 한 번이라도 '유튜브를 해야겠다.' 생각하신 적이 있나요? 그렇다면 이미 크리에이터가 될 준비가 되셨습니다. 이제는 함께 시작하실 일만 남았습니다. 머뭇거리는 마음이 책장을 넘길 때마다 확신으로 바뀌도록 돕겠습니다.

유튜브에서는 나의 정보가 귀중한 지식이 됩니다. 유튜브에서는 나의 경험이 흥미로운 이야기가 됩니다. 유튜브에서는 나의 평범함이 특별함이 됩니다. 유튜브에서는 나의 등장이 곧, 새로운 콘텐츠의 등장입니다. 쇼츠의 등장으로 1인 미디어 생태계가 변했듯이, AI와 새로운 크리에이터들의 등장으로 유튜브는 큰 변혁을 맞이할 예정입니다. 그 시작점에 여러분들의 채널과 콘텐츠가 나란히 서 있기를 바랍니다.

끝으로 유튜브랩의 모든 구독자분과, 동료 크리에이터, 교수님들과 강사님들께 감사함을 전합니다. 그리고 사랑하는 우리 가족들, 아빠 강권수 사장님, 엄마 김성미 여사님, 동생 주형이와 민진이, 제부 성민이, 20년이 넘게 우리 곁을 지켜준 반려묘 미미와 까미에게 깊은 감사와 사랑을 전합니다.

저자와 독자로 만나게 되었지만
곧 크리에이터 대 크리에이터로
만나 뵙기를 기다리며

강민형

목차

 PART 01

준비하기

학교에서 배운 것을 떠올려 보세요. 아마 특정 과목을 생각하실 겁니다. 국어, 영어, 수학, 과학, 사회, 음악, 체육 등으로 말이죠. 과목 안에서 어떤 것을 배웠는지 기억나시나요? 살아가는 데 필요한 다양한 것을 익혔지만 그중에서도 '글을 쓰는 법, 노래를 하는 법, 춤을 추는 법, 그림을 그리는 법'과 같이 내 생각을 다양한 형식으로 표현하는 방법을 배웠습니다. 하지만 아쉽게도 '영상화'하는 법에 대해서는 체계적으로 배울 기회가 적었지요.

인터넷, 스마트폰 등의 발달로 이제는 누구나 영상을 보고, 만들고, 즐깁니다. 글이나 그림, 노래, 춤 외에도 우리를 표현할 수 있는 "영상"을 잘 다루는 사람이 그렇지 못한 사람에 비해 앞서가는 시대입니다. 이제 내 생각과 삶을 영상으로 다른 사람들에게 혹은 자신에게 보여줄 수 있어야 합니다. 전혀 어렵지 않습니다. 우리 함께 그 첫 발걸음을 내디뎌 볼까요?

 실시간

 CHAPTER 01

유튜브를 시작해 보자

머릿속에 있는 멋진 콘텐츠들을 유튜브로 사람들에게 보여주기 위해서는 일단 "시작"하시는 것이 중요합니다. 시작이 반이라잖아요. 막연한 두려움과 어려움은 저희가 맡을 테니 잠시 내려놓고 유튜브 크리에이터로서 힘찬 발걸음을 내디뎌 보세요!

▶ ▶▌ 🔊 16:15/17:56   ⏺ ▣ ▭ ⛶

바로 지금, 유튜브 시작하기 가장 적합한 시기

많은 사람이 이미 유튜브를 레드오션이라 생각합니다. 전 세계적으로 유튜브 사용자는 20억 명에 달하고[1], 1분마다 500시간 분량[2]의 영상이 쏟아지기 때문이지요.

유튜브를 보는 일이 어느새 일상의 한 부분이 된 만큼, 유튜브 크리에이터가 되기 위한 시도들도 자주 일어납니다. 인터파크가 개인 방송과 관련한 판매를 분석한 결과 2년 전과 비교하여 540%나 매출이 증가했다고 합니다.[3] 본격적으로 장비를 갖추고 유튜브를 시작하신 분들이 예전에 비해 늘어난 것을 알 수 있습니다. 하지만 완벽하게 준비해도 원하는 결과가 나오기 쉽지 않습니다. 그래서 내 채널이 성장하지 않는 이유를 "유튜브 시장이 포화했기 때문."이라고 오해하시기도 합니다. 이러한 이유로 지금 유튜브를 시작하는 것은 늦었다는 견해가 자리를 잡기도 했습니다.

저 또한 같은 생각을 했던 때가 있었습니다. 제가 유튜브와 친숙하게 된 것은, 2013년 영국에 있는 콘퍼런스 센터에 근무하면서부터입니다. 당시 사귀게 된 외국인 친구들은, 거의 매일 페이스북과 동시에 유튜브 접속을 했습니다. 영어가 늘면서 친구들과 함께 유튜브 콘텐츠를 시청하는 일이 부쩍 많았습니다. 그 경험이 즐거워서, 한국에 돌아왔을 때 유튜브를 하고 싶다는 열의가 고개를 들었습니다. "영국에서 살았던 때의 이야기를 나누면 사람들이 재밌어하지 않을까?"하고 말이죠. 하지만 영상 촬영은 특정한 사람들에게 주어진 특권이라는 인식이 있었습니다. 유튜브를 하기 위해서는 촬영도 공부하고 편집에 대해서도 충분한 기술을 습득한 뒤에 도전해야 한다고 생각하고 있었지요.

1   유튜브의 사명, "YouTube는 저작권 보호 콘텐츠를 어떻게 보호하나요?", https://www.youtube.com/intl/ALL_kr/howyoutubeworks/our-commitments/safeguarding-copyright/
2   하선영 기자, "1분에 500시간 분량 업로드…유튜브의 '불펌'대처법", <중앙일보>, 2022.06.24 https://www.joongang.co.kr/article/25081600#home "유튜브 하루 업로드 동영상, 다 보려면 82년 걸려", <YTN>, 2019.03.21 https://www.ytn.co.kr/_ln/0103_201903211445569088
3   이재은 기자, "1인 방송 열풍, 개인용 방송장비 매출 540% 급증", 조선일보, 2019.02.08 https://www.chosun.com/site/data/html_dir/2019/02/08/2019020801880.html

유튜브에 대한 마음을 뒤로 하고 온라인 마케팅 회사에 취직하게 되었습니다. 회사에서 글이나 사진보다 영상에 대한 사람들의 반응이 좋다는 것을 몸소 체험했습니다. 촬영, 편집, 기획에 대한 책들을 읽는 것은 물론이고 잘하지 못하는 일본어와 영어로 인터넷에서 자료를 뒤지기도 했습니다. 유튜브를 비롯하여 1인 미디어 플랫폼과 관련된 강의가 열리면 늘 쫓아갔습니다. 독학하며 "내가 지금 시작한다고 해서 과연 승산이 있을까?"에 대해 누구보다 치열하게 고민했다고 장담합니다. 슬프게도 제가 들었던 강의마다, 당시 전문가분들은

금발이 좋은 이유 장점단점 좋은점 나쁜점 커피캣 금발 coffeecat blonde hair 咖啡描 金发 コーヒー キャット ブロンド ヘアスタイル

 Coffeecat 커피캣

조회수 27,451회

⊕ "유튜브 시작 초창기 영상_방에서 스마트폰으로 촬영하여 찍은 영상.

"유튜브는 이미 '레드오션'이다."라는 말씀하셨습니다. 약 10년 전에도 유튜브를 포화한 시장이라 본 사람들이 많았습니다. 그렇게 저는 유튜브 채널 개설을 1년 더 미루게 되었습니다.

유튜브 전문가로 불리는 지금, 유튜브를 볼 때마다, 늘 생각하곤 합니다. "왜 하루라도 더 일찍 시작하지 않았을까?" 하고요. 유튜브는 "레드오션이다. 아니다."로 판단하기 어려운 구조입니다. 그 사실을 그때 알았더라면 이렇게 진한 아쉬움을 품지 않았을지도 모릅니다. 그래서 저는 유튜브의 시작을 망설이고 계신 분이 있다면 꼭 전해드리고 싶어요. 유튜브 전문 채널을 운영하면서 유튜브는 같은 장르의 콘텐츠를 만든다고 하더라도 서로 경쟁하는 구조가 아니라는 걸. 시청자에게 비슷한 장르의 콘텐츠가 "같이 소비"되는 공생의 관계이기에 레드오션을 두려워하지 않아도 된다는 것을요.[4]

지금도 전혀 늦지 않았습니다. 오히려 콘텐츠를 만드는 데 적합한 시기입니다.[5] 이렇게 강력하게 주장하는 첫 번째 이유는 유튜브를 보는 연령이 다양해졌다는 점입니다. 2017년까지는 10대 20대 친구들이 주로 유튜브 콘텐츠를 소비했습니다.[6] 다른 연령들은 카카오톡이나 네이버를 더 선호했거든요. 그런데 지금은 연령과 상관없이 유튜브 문화가 자리 잡았습니다. 2022년 9월 기준, 유튜브 앱 이용자를 4,183만 명으로 집계되었는데요.[7] 이는 국민의 80% 이상이 유튜브 앱을 사용하고 있다는 뜻이기도 합니다. 다양한 연령층이 시청자가 된다는 것은 다양한 취향을 반영한 콘텐츠가 필요하다는 뜻이기도 합니다. 새로운 콘텐츠를 향한 시청자의 갈급함을 채워줄 새로운 유튜브 크리에이터들이 필요한 시점이 바로 지금입니다.

4   "금발이 좋은 이유", <Coffeecat 커피캣>, 2016. 10.3 https://youtu.be/_VJMgaUlHM8?si=XsHAYa94B-M_JIkC
5   "유튜브를 무조건 시작해야 하는 이유 4가지 이유", <유튜브랩 2.0>, 2022.01.06 https://youtu.be/TeKBR1h5SfQ?si=vxdLm-_aXCZdzBQ7
6   김유성 기자, "韓 애용 앱 '유튜브'..세대별 '카카오톡', '네이버' 강세", <이데일리>, 2017.12.12 https://www.edaily.co.kr/news/read?newsId=01528486616157864&mediaCodeNo=0
7   김윤수 기자, "한국인, 유튜브에 月 33시간 쓴다…10대 남성 45시간", <서울경제>, 2022.10.12 https://m.sedaily.com/NewsView/26CBL8YSXO#cb

'나는 특별한 소재나 주제가 아니라 지금 많이들 좋아하는 먹방, 게임과 같은 콘텐츠를 진행하고 싶은데, 그러면 여전히 레드오션 아닌가?' 하고 생각하신다면 그 역시 걱정하실 필요가 없습니다. 아무리 같은 주제를 다룬다고 해도, 등장인물이 다르고, 말하는 방법이 다르고, 촬영하는 방법이 다르고, 편집하는 방식도 크리에이터마다 다릅니다. 그 자체로 신선함을 갖춘 콘텐츠가 되는 것이죠.

지금이 유튜브를 시작하기에 적기라는 또 다른 이유는 유튜브를 향한 시선이 변화했기 때문입니다. 예전에 비해 유튜브를 긍정적으로 바라보는 분들이 늘어났습니다. 제가 유튜브를 한다고 했을 때 정말 많은 지인분이 저를 말렸던 기억이 납니다. 대부분 망할 것이라고 예견했거든요. 나쁜 맘을 가지고 그런 건 아니고, 당시엔 유튜브 활동이 제대로 된 일이라고 여겨지지 않았습니다.

이제는 유튜버가 어엿한 직업으로 인정받잖아요. 2019년 9월에는 신종업종에 대한 업종코드를 개편하며 1인미디어 콘텐츠 창작자를 위한 업종코드가 신설되기도 했습니다.[8] 인식의 변화는 콘텐츠를 제작하는 환경을 바꿉니다. 카메라, 조명과 같은 장비를 대여하는 곳을 쉽게 찾을 수 있습니다. 촬영을 위한 스튜디오 시설도 찾기 쉽죠. 나아가 학교, 도서관, 회사에도 1인미디어 창작실을 두는 곳이 늘어났습니다. 제대로 유튜브 채널을 운영할 수 있기 편해졌습니다.

팬데믹을 기점으로 1인미디어의 필요성이 대두되며 관련 교육을 받을 수 있는 곳들도 크게 늘어났습니다. 동사무소, 시청, 백화점의 문화센터, 각 지역의 미디어센터들, 평생교육원에서 유튜브 강좌는 늘 인기가 많아 금방 마감된다고 합니다. 온라인에서도 "유튜브 교육"이라고 하면 엄청난 자료가 쏟아집니다. 검증받은 커리큘럼만 잘 따라가면 창작자로서 활동할 수 있는 발판이 많이 마련된 셈입니다. 교육이 활성화되면 앞으로 다양한 시각이 반영된 신선한 콘텐츠들이 쏟아져 나올 거예요. 지금 책을 읽고 계신 독자분께서도 자신만의 콘텐츠를 다른 분들께 선보일 시간이 되었습니다.

세 번째 이유는 내 분야에서 전혀 새로운 기회를 얻을 수 있기 때문입니다. 유튜브를 보는 사람들이 많기에 다양한 관심사를 지닌 시청자가 많다는 것은 앞서 설명해 드렸습니다. 어떤 영상을 올려도 조회 수가 적을지언정 없지는 않습니다. 한 장르 혹은 한 분야에 대한 영상을 꾸준히 유튜브에 올리면 나와 같은 분야에 흥미를 둔 사람들이 모이게 됩니다. 그 사람 중 내가 필요한 사람들, 내 이야기를 듣고 싶어 하는 사람들이 많아지며 팬 미팅, 강연, 출강, 광고 모델의 기회 등이 생깁니다. 유튜브랩 역시 '유튜브 백과사전'이라는 슬로건을 내걸고 관련 영상을 계속해서 올리며 기업과 기관들의 강의 및 컨설팅 의뢰가 지속해서 이어지고 있습니다.

"그런 기회는 유명한 유튜버에게만 주어지는 게 아닌가요?" 묻는 분들도 계십니다. 유튜브랩은 구독자가 22명이었던 때부터 출간 요청과 강의 요청이 들어오기 시작했고, 수강생분들 중 한 분은 구독자가

8　문재용 기자, "유튜버 소득 따로 분류…깐깐하게 과세", <매일경제>, 2019.10.20 https://www.mk.co.kr/news/economy/9028622

10명대인데 영상 제작 요청이 들어온 경우가 있는 등 열거할 수 없을 정도로 많이 계십니다. 만약 기존에 유명세가 있는 분들에게만 해당하는 일이라면 이미 알려진 방송인 분들은 왜 유튜브를 하시는 걸까요? 대중매체에서 인기를 누리는 유명 연예인들의 유튜브 채널은 꽤 쉽게 찾아볼 수 있습니다. 대중매체에서 줄 수 없는 매력이 유튜브에 있기 때문입니다.

유튜브를 보는 사람들이 많고, 크리에이터에 대한 인식이 변화했습니다. 촬영하는 장소나 장비, 관련 교육은 손쉽게 접할 수 있고, 이전에 얻지 못한 기회를 얻을 수 있습니다. 유튜브를 시작하기에 지금보다 더 적절할 때는 없다고 해도 과언이 아닙니다. 지금이 바로 유튜브를 시작하기에 가장 좋은 시기입니다.

전문가가 아닌데 유튜브 시작해도 괜찮을까요?[9]

유튜브 강사를 하면서 유튜브 콘텐츠를 만들고 싶은데 '내가 해당 분야의 전문가는 아니라서' 고민하는 분들을 종종 만나 뵙니다. 다른 사람들의 삶에 영향을 미칠 수 있는 전문적인 지식을 전달해야 하는 경우라면, 해당 분야의 전문가들이 콘텐츠에 등장하는 것이 맞습니다. 의학이나 법률이 대표적인 경우가 되겠지요.

하지만 고민하는 분들의 이야기를 잘 들어보면 대부분은 이런 경우가 많습니다. 책을 좋아해서 북튜버(Book+YouTuber)가 되고 싶은데, 문학을 전공하지 않아 책에 대해 이야기하는 것을 두려워합니다. 뷰티 콘텐츠를 제작하고 싶은데 메이크업 자격증이 없어서 자격증을 가지기 전까지 유튜브를 시작하지 않겠다고 결정하기도 하고요. 음식 만들기가 취미라 요리 유튜브 채널을 운영하고 싶지만, 요리 연구가가 아니라 포기하겠다는 분도 뵙곤 합니다.

취미나 본인의 특정 관심 분야를 이야기하고 싶은데 전공을 한 적이 없어서 영상화하는 것에 부담을 갖는 경우라면, 지체하지 말고 유튜브를 시작하라고 말씀드리고 싶습니다. 전문가가 아니라서 자신이 없어도 유튜브를 진행해도 괜찮습니다.

대신에 전문적으로 '가르치는' 콘텐츠가 아니라 '공유하는' 콘텐츠를 만들기를 추천해 드립니다. 초창기의 많은 튜토리얼 영상(게임, 메이크업 등 특정 분야를 배우는 데 도움이 되는 지침 영상. 주로 순서를 지켜 차례대로 진행된다.)은 본인이 알고 있는 방식을 '나누는데' 초점을 맞춰 만들어졌습니다.

지식이나 정보를 시청자에게 주입하는 것이 아니라, 솔직하게 나의 현재 수준을 밝히고 콘텐츠를 통

---

9   "전문가 아닌데 유튜브 시작해도 괜찮을까?", <유튜브랩 2.0> 2018. 09.24 https://youtu.be/PAu6iURjuNQ?si=tR7hpDgF7AFyRNxj

해 소통하는 형식이 좋습니다. "내가 이 분야를 좋아하는데 혹은 관심이 깊어서 이런 생각을 해보았는데 시청자분들은 어떻게 생각하시나요? 같이 의견을 나눠볼까요?" 하는 내용으로 첫발을 내미신다면 전문가가 아니라서 생기는 부담감에서 조금은 해방될 수 있으리라 생각합니다.

애초에 유튜브라는 공간은 전문가들만을 위한 공간이 아니에요. 유튜브는 '나의 이야기'를 나누는 공간으로서 처음 시작했기 때문에, 꼭 전문적인 정보를 전달해야 한다고 생각하지 않으셨으면 좋겠습니다. 완성된 상태로 유튜브 크리에이터가 되려고 한다면 유튜브를 시작하기까지 오랜 시간이 걸리게 됩니다.

꼭 전문적인 지식을 영상화하고 싶다면, 영상 속 주인공이 아니라 기획자나 사회자가 되어서 영상 콘텐츠를 만드는 방법도 있습니다. 최근에는 의사, 약사, 변호사, 작가, 배우, 교수, 스타일리스트, 메이크업 아티스트 등의 전문가들이 유튜브 크리에이터로 활동하고 있습니다. 이들의 견해를 인터뷰 형식으로 담아내는 것도 유튜브 크리에이터로서 좋은 시작이 아닐까 해요.

🔟 [10]영상 전문가 혹은 전문 분야의 유튜버를 만나 인터뷰를 진행하는 "유튜버를 만나다!" 콘텐츠

스스로 영상에 등장하고 싶은데 망설이는 분들이라면, 해당 분야에 대해 끊임없이 공부하고 철저하게 확인한 후에 콘텐츠를 제작하시기를 추천합니다. 검증된 강의와 전문 서적, 그리고 전문가들이 모인 커뮤니티의 정보, 전문가와의 대화를 통해 콘텐츠를 준비하세요.[10]

이때 주의할 것은, 지식의 출처와 정보의 발생 시기를 정확하게 알려주셔야 한다는 점입니다. 세상에 완벽한 지식은 없습니다. 지금까지 맞는다고 여겨져 온 것들이 아주 빠른 시간 간격으로 사실이 아님이 밝혀지기도 합니다. 또 예전에는 미신으로 생각한 내용들이 과학이 발달하면서 사실로 밝혀지기도 합니다. 전문가가 말하는 게 중요한 것이 아니고 살아있는 전문 지식이 중요한 것이니까요.

전문가가 되는 과정을 계속해서 유튜브로 보여주세요. 영상 전문가만 유튜브 콘텐츠를 제작하는 것이 아닙니다. 콘텐츠를 즐기는 사람이 콘텐츠를 제작하는 것, 그리고 그 안에서 조금씩 발전하는 모습을 보여주는 것 또한 시청자들에게는 큰 즐거움입니다. 틀리는 부분이 생기거나 비전문적인 부분에 대해 시청자들이 실망할까 고민하지 마세요. 시청자들은 댓글이나 커뮤니티로 틀리거나 견해가 다른 부분에 대해 흔쾌히 토론을 나눌 것입니다.

---

10 "아이돌 댄스커버 영상 제작하는 금손 유튜버!", <유튜브랩 2.0>, 2019.05.20 https://youtu.be/xsytelYlLjA?si=-LGWFS27Qz8J-z3L

저는 많은 분들이 유튜브에 들어와서 다양한 의견과 생각, 정보를 공유하게 되면 틀린 부분이 바로 잡히고 몰랐던 부분을 발견하게 되면서 성장한다고 생각합니다. 머뭇거리는 순간, 성장의 기회가 멀어 질 수도 있습니다.

전업 유튜버를 꿈꾸는 당신께[11]

교육부와 한국직업능력개발원이 전국 초 · 중 · 고 1,200개교의 학생, 학부모, 교원 총 3 만 7천 448명을 대상으로 '2022년 초 · 중등 진로 교육 현황조사'[12]를 실시했습니다. 그 결 과 초등학생의 희망 직업 3위에 유튜버가 올 랐습니다. 디지털 세대의 아이들답게 유튜브 크리에이터를 하나의 직업으로 보고 장래 희 망으로 선정한 것입니다.

진로 교육 현황조사. 초등학생 희망 직업 3위에 크리에이터가 올라와 있다.

스마트학생복은 초 · 중 · 고교생 989명을 대상으로 크리에이터에 대한 인식을 조사했는데요. 설문 참여자의 58.4%가 크리에이터가 되는 것에 관심이 있다고 대답했습니다.[13]

초 · 중 · 고교생 뿐만 아니라 유튜브를 진지하게 직업으로 삼으려는 성인의 수도 늘어나고 있습니다. 잡코리아가 성인남녀 4,091명을 대상으로 조사한 결과 꿈꾸는 직업을 유튜버로 꼽은 응답자가 12%나 되었습니다.[14]

대한민국이 유튜브 크리에이터라는 직업에 열광하는 이유는 유튜브 크리에이터라는 직업이 더 이 상 낯설지 않기 때문입니다. 이제는 유튜브 크리에이터들이 본인의 채널을 벗어나 TV 예능 프로그램 이나 뉴스에서 인터뷰하는 모습을 심심치 않게 볼 수 있습니다. 그리고 책이나 유튜브 콘텐츠를 통해 유튜브 크리에이터의 삶이 얼마나 재미있는지, 얼마나 많은 수익을 가져다주는지와 같은 정보를 쉽게 접할 수 있지요.

크리에이터 양성 교육을 진행하는 경기콘텐츠진흥원, 트레져헌터, 방송콘텐츠진흥재단에서 제가

11 "전업 유튜버 꿈꾸는 당신께", <유튜브랩 2.0>, 2018.10.01 https://youtu.be/xU2bNPzDCGU?si=05e9w8bWX-pTjegf
12 박성민 기자, "초등생, 의사보다 유튜버 선호…중학생 38% '희망 직업 없어'", <동아일보>, 2022.12.19 https://www.donga.com/news/Society/article/all/20221219/117065405/1
13 김효혜 기자, "[Edu Tech] 유튜브로 검색하는 10대들…"내 꿈은 영상 창작자"", <매일경제>, 2019.01.23 https://www.mk.co.kr/news/special-edi-tion/8663830
14 신승엽 기자, "성인남녀 희망직업 1위 '창업 성공자'", <매일일보>, 2019.11.19, https://www.m-i.kr/news/articleView.html?idxno=656233

수업을 할 때나 한국외국어대학교, 부산대학교, 부산외국어대학교 등 대학교 강의를 진행할 때, 수강생 대부분이 취업이나 창업을 포함한 유튜브 크리에이터를 꿈꾸고 있다는 것을 현장에서 몸소 체험하고 있습니다.

그때마다 제가 전하는 말은, "여러분의 길을 응원한다."입니다. 같은 유튜브 크리에이터 입장으로서, 유튜브를 강의하는 한 사람으로서 응원하고 싶은 마음이 가장 먼저 듭니다.

하지만 모든 일을 접어 두고 유튜브를 하는 것은 늘 다시 생각해 보라고 권하고 있습니다. 이미 직장에 다니고 있는 분들과 학생들은 일과 학업에 절대 지장을 주지 않는 범위에서 유튜브 콘텐츠 만들기를 추천합니다. 주말을 이용하는 방법도 좋고, 퇴근이나 하교 후 쉬는 시간을 활용하는 방법도 있습니다. 틈틈이 촬영하고 편집해서 유튜브와 본업을 병행하는 형태로 시작하는 것이 좋습니다.

온전히 유튜브에만 시간을 쏟는 것을 말리는 것은, 유튜브라고 하는 공간은 돈을 벌기에는 '시간이 필요한' 공간이기 때문입니다. 물론 어떤 유튜버는 시작한 지 3개월, 6개월 만에 월급을 넘어서는 성공을 하는 경우가 있습니다. 하지만 대부분의 경우에는 1년에서 3년 정도의 콘텐츠를 쌓는 시간을 가져야만 월급 정도 되는 돈을 벌어들일 수 있습니다. 이보다 더 걸리는 분들도 많이 계시고요. 게다가 미성년자라면 당장에는 본인의 이름으로는 애드센스 수익을 받을 수가 없습니다. 성인이 되기를 기다리거나 보호자의 허락을 얻어야만 합니다. 유튜브만으로 당장 기존의 일상을 유지하지 못할 수도 있기에 가급적 쉬는 시간이나 휴가철을 이용하여 영상을 찍고 편집해서 채널을 운영하시기를 바랍니다.

특히 지금 유튜버를 직업으로 꿈꾸는 학생이라면, 공부를 소홀히 하지 말라고 말하고 싶습니다. 단순히 "학업이니까, 지금 학생이라는 신분으로서 공부하세요."라고 이야기하고 싶지 않아요. 유튜브 크리에이터를 아주 살짝 먼저 시작한 사람으로 10대의 나에게, 20대의 나에게 전하고 싶은 이야기입니다. 등수와 상관 없이 공부하면 세상을 살아가는 데 유리한 면이 정말 많더라고요. 학생 시기에 배운 공부들은 비슷한 세대와 '공감'을 일으키기에 좋은 주제랍니다. 그래서 공부한 내용을 유튜브로 가져왔을 때 콘텐츠화하기 좋은 내용이 매우 많습니다.

또한, 대학을 거쳐 성인이 되면 본인의 전문 분야에 대한 생각을 많이, 오래 하게 됩니다. 학창 시절에는 반강제적으로나마 다양한 과목을 배우잖아요. 그래서 여러 가지 시각과 기초 상식을 깨우칠 수가 있습니다. 그러니까 유튜브 크리에이터를 꿈꾸는 학생분들이라면 더욱 학교에서 배우는 과목들을 콘텐츠를 위한 밑거름으로 생각하고 열심히 임하면 좋겠습니다.

하나 더 덧붙이자면, 직장인이든 학생이든, 취업이나 창업을 생각하시는 예비 크리에이터분이든 영어는 꼭 손에서 놓지 말기를 바랍니다. [15]진지하게 전업 유튜브 크리에이터를 꿈꾼다면 말이죠. 한국

---

15 "유튜버가 영어공부를 해야 하는 이유",<유튜브랩>, 2018.07.09 https://youtu.be/tt7TpQkKM58

뿐 아니라 해외의 수많은 시청자를 확보할 수 있는 것은 물론이고, 영어를 공부하면서 넓어진 시야가 새로운 콘텐츠를 제작하는 데도 도움을 줄 것이기 때문입니다.

15초의 마법, 쇼츠를 노려라

2020년 유튜브 쇼츠(YouTube Shorts)가 출시되었습니다. 한국에서는 2021년부터 서비스를 시작했습니다. 쇼츠의 등장은 영상 플랫폼에 큰 변화의 물결이 일으켰습니다. 서비스를 내어놓자마자 단번에 시청자들의 사랑을 받으면서요. 쇼츠는 전 세계적으로 하루 평균 700억 건이 넘는 조회수를 기록하고 있습니다.[16] 우리나라 시청자들 10명 중 7명이 숏폼 콘텐츠를 즐기는데 대체로 유튜브 쇼츠를 통해 콘텐츠를 보고 있다고도 하죠.[17] 유튜브 쇼츠는 어떻게 이처럼 단기간 내에 인기를 끌게 되었을까요?

유튜브 쇼츠의 인기 요인을 살펴보기에 앞서 쇼츠에 대해 정확하게 알아봅시다. 유튜브 쇼츠는 15초에서 60초 길이의 숏폼(short-form)을 서비스합니다. 숏폼은 말 그대로 짧은 영상이란 뜻입니다. 예전에는 영화에 비해 짧은 영상들을 일컫는 표현으로 쓰여서 30분 내외의 콘텐츠는 다 숏폼이라고 불렀습니다. 2시간 정도 되는 영화에 비해 30분은 짧은 영상이 맞으니까요. 그러나 요즘 숏폼이라 하면, 플랫폼에 따라 다르지만 3분 이내의 영상을 떠올리시면 됩니다. 길이가 짧은 만큼 영상의 속도가 빠른 편에 해당합니다. 보여주고 싶은 내용을 다 담기 위해 화면, 말, 자막 등을 빠르게 보여주기 때문입니다.

영상 길이가 짧다는 것이 바로 쇼츠의 인기 요인 중 하나입니다. 긴 영상을 볼 때처럼 집중력을 발휘하지 않아도 되니 시청 부담이 적습니다. 가장 재미있는 부분만을 농축한 형태라 지루하지 않습니다. 흥미로운 영상을 찾기 위해 영상을 찾아다니는 수고도 덜 합니다. 금방 시청을 끝내고 다시 새로운 영상을 볼 수 있으니까요.

이런 시청 방식은 매우 중독적입니다.[18] "30분만 보고 자야지."하고 생각하지만 2시간은 가볍게 넘기게 만들죠. 스스로 멈추기 어려울 정도로 자극적이기 때문입니다. 여기서 자극적이란 선정적, 폭력적인 콘텐츠가 아니라, 아주 짧은 시간에 '재미'라는 보상을 주어 계속 영상을 보고 싶게 만드는 시스템을 가지고 있다는 뜻입니다.

또 다른 인기 요인으로는 "스마트폰 최적화"입니다. 쇼츠는 대체로 9:16 비율의 영상이 주를 이룹니다. 스마트폰을 옆으로 돌리지 않고 바로 볼 수 있다는 점이 매력입니다. 세로 비율의 영상은 만드는 데

---

16 유튜브 한국 블로그, "Made on YouTube: 모두가 유튜브에서 크리에이터가 될 수 있도록", https://youtube-kr.googleblog.com/2023/09/made-on-youtube-2023.html (2023.09.22)
17 임성호 기자, ""10명중 7명은 숏폼 시청…이용률 1년새 10% 넘게 늘어"", <매일경제>, 2023.03.01 https://stock.mk.co.kr/news/view/52351
18 이희진 기자, "합성마약급 중독성… "이러다 큰일 나" 쇼츠를 끊는 사람들 [미드나잇 이슈]", <세계일보>, 2023.07.17 https://m.segye.com/view/20230717513212

도 스마트폰을 이용하는 경우가 많습니다. 촬영과 편집을 모두 스마트폰으로 끝내는 것이지요. 쇼츠 영상을 제작하는데 다른 애플리케이션을 이용하지 않는 창작자들도 많습니다. 유튜브 애플리케이션 안에 들어있는 편집 프로그램은 간단한 영상을 만들 수 있거든요. 제작 부담이 적으니 쉽게 많이 만들 수 있습니다. 변화하는 시청자들의 입맛을 맞추기 용이합니다. 만들기 쉬운 만큼 소비 역시 빠르고 이 빠름이 쇼츠를 트렌디한 영상 시청 공간으로 만들었습니다.

하지만 '빠름'과 '스마트폰 최적화' 등의 특징은 숏폼을 전문적으로 다루는 플랫폼인 틱톡과, 인스타그램 릴스에도 똑같이 적용됩니다. 하지만 롱폼(long form)인 동영상과 실시간 라이브 방송, 숏폼인 쇼츠 영상을 모두 즐길 수 있으며,[19] 자막이나 재생 방식 등의 편리함을 지닌 유튜브를 선호하는 사람이 많은 것으로 보입니다.[20] 그래서 쇼츠는 크게 두 가지 방식으로 나뉘어져 제작되고 있습니다. 기존 유튜브 콘텐츠를 활용하는 경우와 쇼츠용 영상을 만드는 경우입니다.

전자는 영상의 일부를 잘라서 본 동영상을 보고 싶게 하는 방식이 주를 이룹니다. 가장 재미있는 부분만을 잘라 만들기도 하고, 궁금증을 일으키는 장면만을 보여주기도 합니다. 마치 영화 예고편처럼 쇼츠를 사용하는 것이지요. 쇼츠는 동영상보다 조회수가 높을 가능성이 높습니다. 짧기 때문에 금방 시청되니까요. 그래서 내 시청자가 아닌 사람들에게 홍보를 위한 방편으로 매우 매력적입니다. 특히 호흡이 긴 시리즈물인 드라마나, 예능 콘텐츠에서 이 방법을 많이 사용하고 있습니다. 등장인물들과 따로 협의하거나 촬영을 해야 하는 번거로움에서 벗어날 수 있어 방송국과 OTT 서비스에서 쇼츠를 적극 활용 중입니다.

후자는 쇼츠용 영상을 제작하는 경우로 우리나라에서는 K-POP 가수들의 신곡 안무를 따라 하거나, 도전하는 챌린지 콘텐츠와 경험을 바탕으로 한 짧은 유머 상황극이 인기있습니다.[21] 두 가지 형태의 영상뿐 아니라 요리, 리뷰, 반려동물, 정보전달 등 다양한 영상 콘텐츠가 쇼츠용으로 업로드되고 있습니다. 여기서 중요한 것은, 단순히 짧은 영상이 아니라는 점입니다. 1분 내에서도 기승전결을 다루어 하나의 완성된 콘텐츠라는 점을 기억해 주세요. 지금은 일부의 장르가 인기를 얻고 있지만 쇼츠 이용이 활발한 지금은 유튜브 영상과 마찬가지로 다채로운 영상들이 늘어날 것으로 전망됩니다.

유튜브를 시작할 때 쇼츠를 노려야 하는 이유가 한참 인기를 끌고 있기 때문만은 아닙니다. 중독적인 매력 때문만도 아닙니다. 바로 채널 성장을 위해서입니다. 기존 동영상인 롱폼과 숏폼인 쇼츠를 모두 이용하는 채널의 시청 시간과 구독자 증가율이 높다고 합니다.[22] 숏폼의 대명사인 틱톡과 인스타그

19 김다솜 기자, "[N잡 해볼까] 쇼츠? 틱톡? 릴스? N잡 크리에이터, 숏폼 어디서 시작할까", <데일리팝>, 2023.07.25 https://www.dailypop.kr/news/articleView.html?idxno=70715
20 최승은 기자, "Z세대가 주로 이용하는 숏폼 플랫폼 1위는 '유튜브 쇼츠'... 릴스, 틱톡 순", 2022.08.24 https://www.madtimes.org/news/articleView.html?idxno=14221
21 유튜브 한국 블로그, "2022년 국내 이용자들의 뜨거운 관심을 불러 모은 인기 동영상, 뮤직비디오 그리고 크리에이터들을 발표합니다!", https://youtube-kr.googleblog.com/2022/12/2022-top-trending-videos-creators-kr.html (2022.12.05)
22 안호균 기자, "숏폼 콘텐츠 인기 계속된다…'멀티 포맷' 유튜버↑", <뉴시스>, 2023.03.15 https://mobile.newsis.com/view.html?ar_id=NISX20230201_0002176735

램 릴스도 최대 10분 길이의 영상을 게시할 수 있도록 기능을 업데이트했습니다.[23] 콘텐츠 플랫폼들은 이용자들의 니즈에 민감하게 반응하여 기능에 변화를 줍니다. 당장은 아니지만 플랫폼들의 움직임을 보아, 차차 숏폼과 롱폼의 경계가 허물어질 것으로 보입니다.

이와 영상 콘텐츠 크리에이터를 하시기로 하셨다면, 롱폼과 숏폼을 아우를 수 있도록 유튜브에서 쇼츠를 함께 시작해 보시는 건 어떨까요?

---

23 최다래 기자, "인스타그램, '릴스' 최대 10분으로 늘린다", <지디넷코리아>, 2023.08.31 https://zdnet.co.kr/view/?no=20230831083128

CHAPTER 02

유튜브 채널 만들기

본격적으로 유튜브 활동을 하기 위해서는 유튜브 채널이 있어야 해요. 채널을 만들기 위한 필수적인 내용과 실제 채널을 만드는 과정을 하나하나 따라 하시다 보면 어느새 멋진 채널이 완성되어 있을 거랍니다.

▶ ▶❙ 🔊 *16:15/17:56*　　　　　　　　　　　　　　　🔘◗ ▭ ▭ 〔〕

유튜브 시작하기 – 유튜브 콘텐츠 주제 정하기

유튜브를 하고 싶지만, 어떤 영상을 어떻게 시작해야 할지 막막하시다면 가장 먼저 콘텐츠 주제를 정하는 것부터 시작해 보세요.[24]

처음에 유튜브를 시작하시려는 분들은 가능한 많은 사람이 내 유튜브 채널을 구독하게 하기 위해서 광범위한 주제를 고르려고 합니다. 하지만 그보다는 좁은, 틈새시장을 공략하는 것이 좋습니다. 여기서 말하는 틈새시장은 남들이 한 번도 시도하지 않았던 주제를 찾으라는 것이 아니라, 같은 주제라 하더라도 평소에 사람들이 쉽게 놓치는 부분, 아쉬워하는 부분을 공략하라는 의미입니다.

그래서 틈새시장을 찾기 전에 유튜브 크리에이터인 '내가 좋아하는 것'을 먼저 생각하는 것이 좋습니다.[25] 내가 좋아하는 것을 주제로 한 콘텐츠를 만든다면 지루해하지 않고 계속해서 콘텐츠를 만들기 유리합니다.

유튜브 콘텐츠로 좋아하는 것을 했을 때의 장점은, 콘텐츠 자체를 즐기게 되어 스스로 행복해요. 아이디어가 샘솟게 되니 끊이지 않고 콘텐츠를 만들게 됩니다. 스스로 재미를 느끼는 일은 누가 말려도 계속해서 하게 되기 마련이니까요. 유튜브 성공의 가장 중요한 척도 중 하나가 유튜브 채널 운영을 얼마나 끈기 있게 하느냐인데, 좋아하는 것을 주제로 삼게 되면 지구력은 절로 생기기 때문이죠.

좋아하는 것을 콘텐츠로 삼게 되면 좋은 이유 두 번째는, '좋아하는 일'은 결국 '잘하는 일'이 될 수 있다는 것입니다.[26] 좋아하는 것은 즐겁게 하니, 아는 것과 경험치가 빨리 늘어나서 잘하게 될 확률이 높습니다. 뷰티 유튜버 분들의 활동을 보면 방송 매체에 나와서 뷰티 전문가로서 활동하기도 하고, 다

24　"유튜브 동영상 콘텐츠 주제 찾기", <유튜브랩 2.0>, 2017.06.30, https://youtu.be/121h1sAqP9g
25　"유튜버 되는 법 가슴이 뛰는 영상 콘텐츠를 만들고 싶다면", <유튜브랩 2.0>, 2017.09.18, https://youtu.be/1ExLYJvYjCA
26　박보희 기자, "41년 일하며 찾은 '일 잘하는 법'", <잡플래닛>, 2023.07.03 https://www.jobplanet.co.kr/contents/news-4916

른 국가의 방송에서 화장하는 법을 알려 주기도 하죠. 드라마에 뷰티 유튜버가 주인공으로 채택되기도 하고 말이지요.[27] 좋아하는 것부터 시작해 잘하게 된 분들이 관련 분야 혹은 다른 분야에서도 두각을 드러낼 기회를 많이 얻게 되는 것 같습니다.

아시다시피, 유튜브 영상을 시청하는 분들이 많습니다. 25억 명 이상이 유튜브를 보고 있다고 하잖아요.[28] 그 모든 사람의 관심을 가져오는 것은 매우 어렵기 때문에, 비슷한 취향을 지닌 사람들을 대상으로 콘텐츠 주제를 잡는 것이 유튜브 채널 성장을 도와주는 씨드(Seed) 구독자를 잡을 방법입니다.

내가 좋아하면서도, 틈새시장을 공략할 수 있는 주제를 찾는 쉬운 방법은 무엇이 있을까요? 먼저, 블로그나 소셜미디어에서 내가 좋아하는 주제를 검색하는 방법이 있습니다. 내가 관심 있는 것부터 찾아야 나와 가까운 사람들, 나와 좋아하는 것이 같은 사람들, 비슷한 취향을 지닌 사람들을 시청자와 구독자로 만들기 좋습니다. 내가 좋아하는 분야가 곧 주제이기 때문에 시청자와 구독자의 마음을 잘 이해하기도 쉬워서 그들의 입맛에 맞는 영상 콘텐츠를 만들어 낼 수 있습니다.

틈새시장을 조금 더 세밀하게 들여다보는 방법은, 관심 분야의 영상을 많이 접하는 것입니다. 예를 들어 춤을 좋아하는 분이라면 유튜브에서 어떤 댄서들이 인기 있는지, 어떤 노래에 맞춰 춤을 추는지, 어떤 장르의 춤이 사랑받고 있는지, 촬영 방법은 어떠한지 확인해 보는 것입니다. 연습실에서 춤을 추는 유튜브 크리에이터도 있을 것이고, 자기 모습이 아니라 공연하는 댄서들의 영상을 주로 찍어서 올리는 분들도 계실 겁니다. 아니면 춤 동작을 알려주는 크리에이터도 있을 겁니다.

여러 가지 유형의 영상을 보면서 "나는 어떤 형식으로 촬영하는 게 좋을까?" 고민하는 시간을 가지는 것이 중요합니다. 많이 고민할수록 더 좋은 기획이 나오게 됩니다. 많이 고민할수록 더 좋은 영상이 나오게 됩니다. 많이 고민할수록 채널이 성장합니다.

마지막으로 틈새시장을 공략하는 방법은 시청자 타깃을 아주 좁게 설정하는 것입니다.[29] 주제를 하나로 선정하기가 어렵다면 시청자 타깃을 먼저 잡는 것도 좋은 방법입니다. 연령, 성별, 직업, 직위 등을 기준으로 내 영상의 타깃층을 먼저 선정한 다음에 그들이 좋아할 법한 주제, 그중에서도 갈급한 부분을 찾는 것이 수월할 수도 있습니다.

성별이나 직업의 경우는 쉽게 잘 나누지만, 많은 초보 크리에이터들은 나이와 직위에 대해서 까다롭게 여기는 것 같습니다. 연령의 경우, '10대와 20대'로 잡기보다는 '초등학생 고학년~중1', '중3~고2', 혹은 '20대 초반' 등 생각이나 상황이 비슷한 나이끼리 묶는 것이 더욱 유리합니다. 같은 10대라고 해

27   고규대 기자, "유튜브 뷰티 고교 크리에이터 최원희 웹드라마 캐스팅", <이데일리>, 2017.08.07, http://www.edaily.co.kr/news/read?newsId=01348086616025024&mediaCodeNo=258
28   이도경 기자, ""전 세계 인구 60% 이상이 SNS 사용···하루평균 2시간26분", <서울파이낸스>, 2023.07.21 https://www.seoulfn.com/news/articleView.html?idxno=490986
29   "구독자 모으는 결정적인 전략!", <유튜브랩 2.0>, 2019. 6. 24 https://youtu.be/PKd69bAvjm4?si=p0Vb6IX9VOL9RrOR

도 13살 친구와 19살 친구는 취향과 생각이 하늘과 땅 차이일 테니까요.

직위의 경우도 어렵게 생각하실 필요가 없어요. 내 영상을 보기를 원하는 사람이 처한 상황이나, 취미, 관심 분야 등으로 묶어서 생각해 봅시다. 예를 들어서 '스트레스 해소용으로 취미를 찾고 싶은 대학생'이라든가, '미취학 아동을 자녀로 두고 있는 부모님'처럼 타깃을 좁혀 보세요. 내가 좋아하는 것과 시청자 대상층이 보고 싶어 할 만한 것 중 겹치는 것을 내 콘텐츠 주제로 삼는다면 앞으로 유튜브 채널 운영이 즐거워질 거예요.

타깃을 좁히면 시청자가 좁아질 것이라 예상하실 텐데요. 사실은 반대랍니다. 초창기에는 특정 타깃층을 대상으로 한 콘텐츠를 만들어 같은 취향의 분들을 공략하는 것이 좋습니다. 내 영상을 좋아할만한 시청자가 구독자가 되고 구독자가 진정한 팬이 되는 과정이 중요합니다. 일반 구독자 보다 팬인 구독자들이 영상을 더 오래 시청합니다. 이는 팬들과 비슷한 다른 사람들에게도 영상이 노출되는 기반이 됩니다. 이 과정이 반복되면서 시청자 대상층이 확장되어 갑니다. 모두를 공략하기보다 특정 타깃을 공략하는 편이 훨씬 빠르게 성장하는 방법임을 기억해 주세요.

채널이란 무엇인가 – 막연한 채널에 대해 시원하게 알아보기

유튜브 크리에이터가 되기 위한 책답게, 본 책에서는 '채널'이라는 표현을 참 많이 사용합니다. '채널'이라는 단어는 유튜브의 콘텐츠를 시청할 때는 물론, 뉴스나 텔레비전에서도 쉽게 들을 수 있는 표현입니다. 우리는 채널이 무엇인지 어렴풋하게 알고 있지만 그 뜻이 무엇인지 정확하게 한마디로 정의하기는 쉽지 않아요. 사실 헷갈리기도 하고요.

그래서 정확하게 채널이란 무엇인지 알고 가는 것이 유튜브 크리에이터로서 활동하기에 좋겠다 싶어서 함께 채널에 대한 정의부터 짚고 가고자 합니다. 채널의 의미를 명확하게 안다면 앞으로 유튜브 채널 운영을 더욱 매끄럽게 할 수 있을 겁니다.

원래 '채널'의 사전적 의미는, '어떠한 일을 이루는 방법이나 정보가 전달되는 경로'입니다. 조금 더 영역을 좁혀 들어가면 라디오, 텔레비전과 같은 통신에서는 주파수 영역에 따라 각 방송국에 배정된 전파의 전송 통로를 뜻합니다.[30] 유튜브 채널의 정의를 채널의 사전적 의미에 따라 붙이게 된다면, '개인 혹은 다수의 창작자가 제작한 동영상 콘텐츠를 유튜브 플랫폼 계정에 따라 배정된 전송 경로'가 될 수 있겠습니다.

채널의 속성에 대해 알게 되면 좀 더 정리가 쉬울 거예요. 기본적으로 유튜브 채널은 구글 계정을 통

---

[30] 네이버국어사전, (n.d.). 채널. 국립국어원 표준국어대사전에서. https://ko.dict.naver.com/#/entry/koko/e8df99ac717f47dc84891609bae32db6 에서 2023년 10월 28일에 검색함

해 만들 수 있습니다. (본격적으로 유튜브 채널을 만들게 될 때 그 과정에 대해 하나하나 설명할게요) 유튜브 채널이 없어도 동영상 콘텐츠를 볼 수 있어요. 하지만 채널이 없으면 '구독과 알람 설정', '댓글 쓰기' 등을 할 수 없습니다. 유튜브 채널이 있어야 유튜브에서 공개적인 활동을 할 수 있는 셈입니다. 그리고 이 채널을 지니고 있어야 직접 동영상을 업로드 할 수 있으며 댓글을 달거나 재생목록을 만들 수 있습니다. 결국 채널을 가지게 되면, 시청자 활동과 창작자 활동을 모두 할 수 있다는 의미가 있습니다.

'유튜버'라는 용어는 유튜브 채널을 지닌 모두를 뜻합니다. 현재 우리나라에서는 유튜버라는 말이 영상 콘텐츠 제작자, 즉 크리에이터를 이르는 좁은 의미로 통용되고 있습니다. 하지만 유튜브에 영상 콘텐츠를 업로드하는 크리에이터뿐 아니라 유튜브를 사용하는 '유튜브 이용자'를 지칭하는 말입니다. 결국 영상 콘텐츠를 보고 즐기는 사람과 영상 콘텐츠를 제작하는 사람이 분리된 것이 아니라 누구든지 시청자와 창작자 모두가 될 수 있다는 것을 뜻이 아닌가 합니다.

채널의 사전적 의미와 속성에 대해 알아보았는데요. 이를 종합하면 다음과 같이 정리할 수 있습니다.

- 동영상 콘텐츠를 다른 사람들에게 전달하는 전송 경로
- 구글 계정을 기본으로 유튜브 활동을 할 수 있게 하는 경로
- 유튜브 시청자로서 유튜브 활동을 할 수 있게 하는 통로
- 유튜브 크리에이터로서 유튜브 활동을 할 수 있게 하는 통로

채널 이름 정하기 – 유튜브 크리에이터가 되는 첫 번째, 유튜브 이름 정하기

예비 유튜버분들은 유튜브에서 사용하는 이름을 짓는 것에 어려움을 느낍니다. 내가 지은 이름으로 계속해서 불리게 되니 신중할 수밖에 없습니다. 그래서인지 누군가에게 확인받고 싶은 마음이 드나 봅니다. 유튜브에 유튜브 이름으로 검색하면 '유튜브 이름 추천' 영상들이 많습니다. 유튜브 이름 추천 영상은 10개에서 많게는 30개까지 유튜브 이름을 추천하는데요. 대체로 조회 수가 1만~10만 이상입니다[31]. 영상을 보신 분들이 많을수록 똑같은 이름을 쓰는 사람들이 늘어날 수밖에 없게 되겠죠. 따라서 이름 추천 영상에 나오는 영상을 보기보다는 가급적 새로운 이름을 짓는 것을 추천해 드립니다.

채널에서 사용하는 이름은 곧 내 채널의 브랜드입니다. 내 채널을 부르는 이름, 영상 속의 나를 부르는 이름이, 곧 내 채널을 알리고 기억하게 하는 가장 중요한 요소가 됩니다. 그러면 이렇게 중요한 이름을 어떻게 지어야 할까요?

일차적으로는 자신의 이미지에 맞게끔 이름을 짓는 것이 좋습니다. 연예인을 예로 들면 본명이 있

---

31 "유튜브이름추천 어울리는 유튜버이름(닉네임)을 찾아봅시다", <유튜브랩 2.0>. 2017.08.16 https://youtu.be/l4ob4Fpp1cQ?si=R687ckCs4C69pI3E

음에도 예명을 사용하는 분들을 생각하면 좋을 것 같습니다. 대표적인 예로 [32]이영자 씨가 있는데요. 원래 본명은 '이유미'라는 아름다운 이름이지만 이영자 씨 본인은 그 이름으로는 웃기는 일을 하는 것이 쉽지 않으셨다고 합니다. 그래서 좀 더 친근하고 푸근한 느낌이 드는 "영자"라는 이름으로 활동하셨다고 해요. 본명이 주는 분위기보다 예명이 주는 느낌이 훨씬 자신의 캐릭터를 잘 살리기 때문에 활동할 때 이름을 달리 사용하는 것처럼, 유튜브 크리에이터들도 본인의 이미지와 캐릭터에게 맞는 이름을 찾는 것이 가장 기본이 되어야 합니다.

반대로 아예 본인과 어울리지 않는 이름을 짓는 것도 좋은 방법이 될 수 있습니다. 언밸런스한 이름이 오히려 강한 인상을 주어서 기억에 남는 효과를 줄 수 있습니다. 일본의 유명 메탈그룹 '레이디베이비'가 그 예시에요. "레이디베이비"라는 이름에서 여성, 귀여운 느낌을 느꼈지만, 그룹의 한 명은 레슬러 출신의 남성이지요. 이름이 주는 느낌과 실제 캐릭터가 상반된 이미지를 지니고 있어서 오히려 각인이 쉽게 되는 경우입니다.

영상에 본인이 직접 등장하지 않거나, 캐릭터와 이름을 연관 짓기가 어렵다면, 목소리나 영상을 표현하는 방식과 소재 등을 활용하여 이름을 짓는 것도 방법입니다. 유튜브 이름을 들었을 때 "아! 그 사람! 그 채널!"하고 떠오르게 하는 것이 중요하니까요. 이름 후보를 여러 개 준비하시고 그중에서 가장 좋은 것을 고르는 것이 좋습니다.

유튜브 이름을 정할 때 팁을 드리자면, 가급적 글자의 수가 두 글자에서 네 글자까지만 하는 것이 좋습니다. 아무리 길어도 일곱 글자를 안 넘는 것이 좋습니다. 그 정도로 짧은 단어가 기억하기 좋고, 검색할 때도 부담이 없기 때문입니다. 또한 채널 이름은 발음이 잘 되는 단어로 짓는 것이 좋습니다. 발음되는 대로 검색을 하기 때문인데요. "례미"라는 이름은 "레미", "래미"와 혼동될 수 있어요. 검색도 다른 세 단어로 할 수 있고요. 같은 맥락으로 영어보다는 가급적 한국어로 된 이름을 적는 것이 좋습니다.

검색에 민감하게 구는 이유는, 처음에 유튜브 채널을 만들었을 때는 검색과 추천 동영상으로 유튜브 채널이 성장하는 경우가 많거든요. 특히나 홍보할 때 유튜브에서 채널 이름, 캐릭터 이름을 검색하도록 유도하게 되니까 더욱 중요하죠.

위키피디아 지미 웨일스 사장은 이런 말을 했어요. "구글에 검색해서 나오지 않는다면 그것은 아마도 세상에 존재하지 않는 것일 것이다. (If something's not even in Google, it probably doesn't exist at all)"[33] 저는 이렇게 응용해서 말씀드리고 싶어요. "유튜브에서 검색해서 내 채널이 나오지 않는다면 그것은 아마도 존재하지 않는 채널일 것이다."라고요. 한편으로는 섬뜩한 말이지만, 다른 한 편으로는 검색되어 내 채널을 만날 수 있다면 성공이라는 뜻이 됩니다. 유튜브에서 내 존재를 알릴 수 있도록 채널 이름을 신중하게 고려하여 만들어 봅시다.

32 구민호 기자, "이영자 본명 '이유미'...예쁜 이름 마다한 이유? 아줌마 이미지 필요했다", <머니투데이 더리더>, 2018.04.29, https://theleader.mt.co.kr/articleView.html?no=2018042921107822976
33 "Jimmy Wales: How a ragtag band created Wikipedia", <TED>, 2007.01.17 https://youtu.be/WQR0gx0QBZ4?si=ZOM3ql8EPUSefR0p

채널 기획안 작성 – 한 장으로 정리하는 채널 기획

앞서 배운 내용들을 바탕으로 내 채널에 대해 생각한 내용들을 빈칸을 채워보며 정리해 보세요. 처음에는 자유롭게 떠오르는 생각들을 적어 두었다가 유튜브 활동을 하며 채널 기획안을 다듬어 가는 것도 좋은 방법입니다. 예시를 참고하여 나만의 유튜브 채널을 만들어 보세요.

채널 기획안 예시	
채널 오픈 시기	• 20XX년 XX월 XX일 오전 XX시 첫 동영상 업로드 ⇨ 시기를 정확히 정해두면 미루지 않고 채널을 오픈할 수 있습니다.
채널 주제	• 유튜브 채널 및 콘텐츠 추천/큐레이션 ⇨ 영상에서 주로 다루게 될 소재와 주제는 무엇인지 적어보세요. 좋아하는 것을 적는 것도 좋습니다. 채널에 업로드되는 콘텐츠의 결을 일정하게 유지하는 데 도움이 됩니다.
채널 운영 이유/목표	• 영화, 드라마, 애니메이션처럼 유튜브 콘텐츠를 추천해 주는 채널이 있다면 재미있는 콘텐츠를 찾는 시청자에게 도움 • 추후 채널이 성장하면 크리에이터 인터뷰의 발판 마련 (좋아하는 유튜버의 콘텐츠 제작에 관한 생각을 들을 수 있다!) ⇨ 운영 이유와 목표를 정하면 콘텐츠의 방향이 명확해집니다.
시청자 타깃	• **연령**: 35세~40세 • **특징**: 비교적 다른 연령에 비해 유튜브 시청 시간이 적다. 디지털과 아날로그 경험이 모두 풍부하다. 무한도전, 해리포터 등 시대를 풍미한 콘텐츠를 즐겼다. • **관심 분야**: 재테크, 자기 계발 ⇨ 영상에서 주로 다루게 될 소재와 주제는 무엇인지 적어보세요. 좋아하는 것을 적는 것도 좋습니다. 채널에 업로드되는 콘텐츠의 결을 일정하게 유지하는 데 도움이 됩니다.
채널 장르	☐ 가족 ☐ 게임 ☐ 경제/금융 ☐ 과학기술 ☐ 노하우 ☐ 뉴스 ☐ 리뷰 ☐ 먹방 ☐ 문화/예술 ☐ 반려동물 ☐ 뷰티/패션 ☐ 비영리 ☐ 사회운동 ☐ 스포츠 ☐ 식물 ☐ 여행 ☐ 영화/애니메이션 ☐ 예능 ☐ 요리 ☐ 유명인 ☐ 음악 ☐ 인물 ☐ 인터뷰 ☐ 일상 ☐ 자동차 ☑ 정보 ☐ 정치 ☐ 책 ☐ 춤 ☐ 카메라 ☐ 코미디 ☐ 키즈 ☐ 토크 ☐ ASMR ☐ AR/VR ☐ 그 외 ( ) ⇨ 장르를 선택하면 콘텐츠 결을 유지하는 것은 물론, 장르별로 콘텐츠를 잘 만들 수 있는 촬영과 편집 방식이 어느 정도 정해져 있어 앞으로 제작이 수월해집니다.
채널 운영 준비	• 최근 3개년 유튜브 인기 급상승 동영상 장르별 분석하기 • 조명에 관한 공부와 연습 ⇨ 채널 운영에 도움이 될 만한 기술, 정보를 정리합니다. 배우고 싶은 것을 적으셔도 좋습니다. 시작은 전문가가 아니더라도 채널 운영 과정을 통해 전문가가 될 수도 있습니다.
내 채널 이름	• 오늘의 채널 ⇨ 채널 주제, 타깃, 장르 등에 대해 고민한 후 채널 이름을 정하면 채널에 가장 어울리는 이름을 찾기 쉽습니다.
채널 슬로건	• 유튜브 큐레이션, "오늘의 채널" • 정성껏 골라낸 유튜브 한 잔, "오늘의 채널" • 오늘의 유튜브 날씨는 맑음입니다. "오늘의 채널" • 재밌는 건, 여기 다 있다! "오늘의 채널" • 유튜브를 표류하는 시청자의 나침반 ⇨ 슬로건이 있으면 영상 시작이나 끝에 삽입하여 채널 이름과 주제를 기억하기 쉽게 만들 수 있습니다. 당장 정하지 않아도 괜찮습니다. 하지만 만들어 두면 영상, 구독자를 위한 굿즈 상품 등 요긴하게 쓸 수 있습니다.

채널 기획안	
채널 오픈 시기	
채널 주제	
채널 운영 이유/ 목표	
시청자 타깃	
채널 장르	☐ 자동차 ☐ 뷰티/패션 ☐ 코미디 ☐ 교육 ☐ 예능 ☐ ASMR ☐ 가족 ☐ 키즈 ☐ 영화/애니메이션 ☐ 요리 ☐ 먹방 ☐ 노하우 ☐ 일상 ☐ 음악 ☐ 뉴스/정치 ☐ 비영리/사회운동 ☐ 여행 ☐ 인물/블로그 ☐ 반려동물 ☐ 과학기술 ☐ 스포츠 ☐ 춤 ☐ 책 ☐ 연예인 ☐ 정보 ☐ 식물 ☐ 경제 ☐ 게임 ☐ 토크 ☐ 인터뷰 ☐ 그 외 (　　　　　　　　　　　　　　)
채널 운영 준비	
내 채널 이름	
채널 슬로건	

채널 개설하기 – 본격 크리에이터의 시작!

채널 이름을 결정했다면 이제 유튜브 채널을 만들 차례입니다. 유튜브 채널을 개설하기 위해서는 구글 계정을 가지고 있어야 합니다. 아주 단순하게 Gmail 주소를 만든다고 생각하시면 됩니다. 구글이나 유튜브를 사용할 때는 가급적 구글 기반의 브라우저인 크롬 사용을 권장합니다.

1) Google 계정 만들기

01 우선 Google 계정을 만들기 위해 구글에 접속해 주세요. (http://www.google.com) "구글 계정 만들기"를 검색하고 첫 번째 결과에 접속합니다.

02 창이 열리면, Google 계정 유형을 선택합니다. [본인 계정]과 [내 비즈니스 관리하기] 중에서 [본인 계정]을 클릭합니다.

03 Google 계정 생성을 위해 이름을 입력합니다. 채널의 이름이 아닌, 채널을 운영하는 사람의 이름을 적습니다. 성과 이름을 작성한 후, [다음]을 클릭합니다.

04 생년월일, 성별을 입력하고 [다음]을 누릅니다.

05 사용자 이름이라고 적힌 공간에 영어와 숫자를 조합하여 ID를 만듭니다.

06 비밀번호를 입력합니다. 영어, 숫자, 특수기호를 조합하여 어렵게 만드는 것을 추천합니다.

07 복구 이메일을 추가합니다. 방금 새로 만든 이메일 외에 다른 이메일을 추가합니다. 그래야 지금 만든 Google 계정의 비밀번호를 잊어버렸을 때 복구 이메일을 통해 정보를 얻을 수 있습니다. 네이버나 카카오 메일을 쓰면 헷갈리지 않습니다.

08 대한민국 국기를 확인 후, 휴대전화 번호를 추가합니다. [다음]을 누릅니다.

09 전화번호 인증 화면이 나타나면 입력한 번호가 정확한지 확인합니다. 그 후, [보내기]를 클릭합니다.

10 문자로 인증코드가 도착하면 그 번호를 그대로 입력합니다. [확인]을 누릅니다.

11 전화번호 활용에 관한 선택을 합니다. [옵션 더보기]를 통해 선택할 수도 있습니다.

12 다음 화면은 [옵션 더보기]를 눌렀을 때 나타납니다. 원하는 옵션을 선택 후, [완료]를 클릭합니다.

13 새로 만든 Google 계정(Gmail 주소)과 복구 휴대전화 번호가 맞는지 확인합니다. [다음]을 누릅니다.

14 개인 정보 보호 및 약관을 꼼꼼하게 읽습니다. 스크롤을 내려 [옵션 더보기]를 클릭합니다. 사용 환경에 대해 원하는 옵션을 선택합니다.

15 "약관에 동의함"을 선택한 후, [계정 만들기]를 클릭합니다.

2) 유튜브 개인 채널 만들기

01 Google 계정 만들기가 완료되었습니다. Google 계정 화면의 우측 상단의 앱 버튼(점 9개로 이뤄진 버튼)을 클릭한 후, 유튜브를 클릭합니다.

02 "Google 계정 만들기" 단계에서 설정한 옵션에 따라 지금과 같은 화면은 나올 수도, 나오지 않을 수도 있습니다. 내 관심 분야의 최신 영상을 유튜브 피드에 나타나게 하고 싶다면 [기록 사용 설정]을, 그리고 싶지 않다면 [계속 사용 중지]를 누르시면 됩니다.

03 유튜브 홈 화면의 우측 상단에 원형의 [프로필 아이콘]을 눌러주세요. 이때 주소 표시 줄의 프로필이 아닌, 종 모양 옆의 프로필 아이콘을 눌러야 합니다. 메뉴가 나타나면, [채널 만들기]를 클릭합니다.

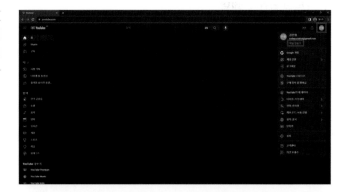

04 내 프로필 화면에 내 이름과 핸들이 자동으로 설정됩니다. 여기에서 이름은 고치지 않습니다. 핸들은 유튜브에서 사용하는 ID의 개념입니다. Google 계정의 ID가 아닌, 유튜브만의 새로운 ID라고 생각하시면 됩니다. 핸들이 유튜브 채널 주소를 나타내게 되었습니다. 핸들을 따로 지정하지 않으면 유튜브에서 임의로 할당합니다. 기억하기 쉬운 영어 단어와 숫자로 조합해 보세요. [채널 만들기]를 눌러줍니다.

05 이제 유튜브 채널이 완성되었습니다. 지금 보고 계신 우리의 이름으로 만들어진 채널은 앞서 만든 Google 계정으로 접근이 가능한 '개인 채널'입니다.

➕ **Plus** | 브랜드 채널과 개인 채널의 차이?[34]

개인 계정은, 유튜브 채널에 접근하기 위해 구글 계정과 비밀번호가 모두 필요합니다. 하지만 브랜드 계정은 계정의 소유자인 나를 포함한 여러 사용자가 각자의 구글 계정을 통해 공동으로 하나의 채널을 관리할 수 있습니다.

채널이 크게 성장하여 사업적인 수준에 다다랐을 때나, 유튜버를 비롯한 크리에이터들과 파트너쉽을 맺는 MCN(다중채널네트워크) 업체와 계약을 하는 경우에 브랜드 계정을 활용할 수 있습니다. 구글 계정과 비밀번호를 알려주지 않고도 사업 파트너에게 관리자 권한을 부여하고 업로드, 댓글 관리, 분석과 같은 협업을 진행할 수 있습니다. 계정과 비밀번호가 필요치 않으니, 개인정보를 공유할 일이 없다는 점에서 안전하게 계정 관리가 가능하다는 장점이 있습니다.

---

34 "유튜브 채널개설 하는 법! 개인 브랜드 계정의 차이", <유튜브랩 2.0>, 2017.11.22, https://youtu.be/l7WeNd8TtRw

3) 유튜브 브랜드 채널 만들기

01 개인 채널을 만들어야만 브랜드 채널을 만들 수 있습니다. 앞서 만든 개인 채널의 [프로필] 버튼을 클릭합니다. 메뉴가 나타나면 [설정] 탭을 클릭합니다.

02 [계정] 화면이 나타납니다. [내 채널] 아래의 [새 채널 만들기]를 눌러줍니다.

03 채널 기획안에서 구상했던 채널 이름을 여기에 작성합니다. 개인 채널에서 내 이름을 쓴 이유가 바로 개인 채널과 브랜드 채널을 구분하기 위해서입니다. 채널 안내에 대해 동의의 뜻으로 체크하고, [만들기]를 누릅니다.

04 브랜드 채널이 완성된 모습입니다. 앞으로 브랜드 채널에서 본격적인 활동을 진행하시면 됩니다. 개인 채널에서는 핸들이 자동으로 임의 할당이 되었지만, 브랜드 채널에서는 직접 입력을 해야 합니다. [채널 맞춤 설정]을 클릭해 보세요.

05 채널 맞춤설정 화면입니다. [기본 정보]를 클릭합니다.

06 핸들이 임의 설정이 된 것을 확인할 수 있습니다. 마우스를 올리고 원하는 핸들을 작성합니다.

07 초록색 체크 표기가 나타나면 사용할 수 있다는 뜻입니다. 핸들을 수정한 후, 오른쪽 위의 [게시]를 클릭합니다.

08 [게시]가 회색으로 비활성화되면 새로 만든 핸들이 저장되었다는 뜻입니다. 왼쪽의 [내 채널]을 클릭합니다.

09 브랜드 채널 이름 아래에 핸들이 새로
만들어진 것을 확인합니다.

CHAPTER 03

프로필과 배너 이미지 만들기

탑 크리에이터 선배들의 프로필과 채널 배너 이미지는 입이 떡 벌어지는 멋진 디자인이 많아요. "이런 건 비싼 프로그램으로 전문 디자이너들이 만든 거겠지. 나는 못 할 거야." 생각하시는 분들, 걱정하지 마세요! 미리캔버스로 간단하고도 멋진 프로필과 채널 배너 이미지를 만들 수 있답니다.

▶ ▶❙ 🔊 16:15/17:56   ◉▶ ▣ ▭ ⛶

프로필 사진 만들기 – 유튜브에서 가장 많이 보이는 채널의 얼굴

'채널 아이콘'이라고도 불리는 프로필 사진은 유튜브 채널의 얼굴입니다. 채널 이름으로 검색했을 때 가장 먼저 나타나는 이미지라 채널을 곧 프로필 사진으로 인식합니다. 시청자들은 이 사진으로 크리에이터의 영상 주제와 캐릭터를 추측하기도 합니다. 댓글의 답변을 달았을 때, 프로필 사진을 확인하고 채널의 주인임을 한눈에 알아볼 수가 있습니다.

프로필 사진을 만드는 방법은 매우 다양합니다. 얼굴이 드러나는 크리에이터라면 잘 나온 사진을 이용합니다. 사진 대신 캐리커처나 캐릭터 이미지를 활용하기도 합니다. 팀으로 활동하는 경우, 채널 이름을 큼지막하게 적기도 하고, 유튜브랩처럼 로고를 활용하기도 합니다.

어떤 프로필 사진을 사용하고 싶나요? 다양한 템플릿을 제공하는 미리캔버스를 활용해 여러 가지 시도를 해봅시다.

1) 미리캔버스 회원 가입하기

01   구글에서 "미리캔버스"를 검색합니다. 미리캔버스 사이트에 들어갑니다. (혹은 주소 표시줄에 https://www.miricanvas.com/ko을 입력하셔도 됩니다.)

02 홈 화면의 오른쪽 위의 [5초 회원가입]을 클릭합니다. 회원 가입이 된 분은, [로그인하기]를 눌러주세요. 2) 미리캔버스로 프로필 이미지 만들기 01부터 시작하시면 됩니다.

03 카카오, 네이버, 이메일 등 간편 가입을 선택하시면, 빠르게 가입이 가능합니다. 저는 Google 계정을 선택하였습니다.

04 계정 선택 화면에서, 내 Google 계정을 클릭합니다.

05 계정을 확인한 후, 약관에 동의합니다. [가입하기]를 누르면 회원가입이 마무리됩니다.

06 계속 이용하는 기기라면 [로그인 유지하기]를 누릅니다. 공용이나 일회성으로 컴퓨터를 이용 중이시라면, [로그인 유지 안함]을 누릅니다.

2) 미리캔버스로 프로필 이미지 만들기

01 미리캔버스에서 이미지를 편집할 수 있는 첫 화면입니다. 맞춤 서비스 안내 화면은 [X]를 눌러 꺼줍니다.

02 프로필 사진의 크기를 지정합니다. [유튜브]-[채널 로고]를 선택합니다.

- 유튜브 프로필 사진 크기는 98×98픽셀 이상, 4MB 이하의 사진이 권장됩니다.
- 프로필 사진을 예전에는 '채널 로고'라고도 불렀습니다.

03 로고와 관련된 템플릿이 왼쪽 메뉴에 나타납니다. 원하는 템플릿을 검색할 수도 있습니다.

04 내 채널과 어울릴 만한 템플릿을 선택합니다.

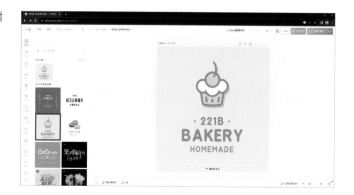

05 왼쪽 메뉴에서 [요소]를 클릭합니다. [도형]을 클릭하고 '동그라미'를 클릭합니다. 로고에 회색 동그라미가 들어간 것을 확인합니다. 이 회색 동그라미를 글이나 이미지가 유튜브에서 잘려 보이지 않도록 가이드라인으로 활용합니다.

06 동그라미의 가장자리를 누른 상태에서 화면 크기에 꼭 맞게 드래그합니다.

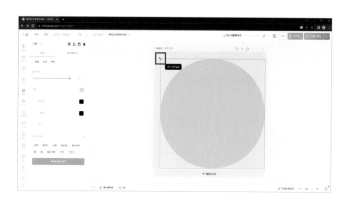

07 동그라미를 선택한 상태에서, 마우스 오른쪽을 클릭합니다. 프로필 사진의 글과 이미지가 잘 보이도록 [순서]-[뒤로 보내기]를 클릭합니다.

08 템플릿 사진과 이미지가 다 보일 때까지 [순서]-[뒤로 보내기]를 반복합니다. 이미지와 글자가 잘리지 않는지 확인합니다.

09 불필요한 요소는 선택하여 삭제합니다. 없애고 싶은 그림을 클릭합니다. 휴지통 모양의 [삭제] 버튼을 클릭합니다.

10 활용하고 싶은 이미지를 [요소]에서 검색하여 넣습니다. 이미지 왼쪽의 "노란 왕관 표시"가 있으면 유료라는 뜻입니다. 저는 재생 버튼을 상징하는 이미지를 선택했습니다.

11 이미지를 클릭합니다. [색상 채우기]를 클릭한 후, 원하는 색상을 선택합니다. 템플릿에 사용된 색상을 이용하면 안정적인 디자인을 얻을 수 있습니다.

12 저는 색상을 바꾼 후, 그림자를 넣어주었습니다. 이미지가 선택된 상태에서 마우스를 움직이면 위치를 조정할 수 있습니다. "221B"와 "HOMEMADE" 글자는 선택한 뒤, [삭제] 버튼을 눌러 없애줍니다.

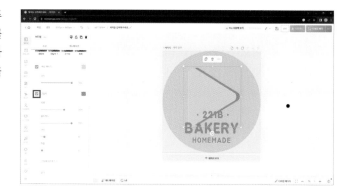

13 [요소]에서 하얀 동그라미와 작은 주황색 동그라미를 겹치고, 아주 작은 하얀 삼각형 하나를 넣어 눈을 만들어 줍니다. [요소]에서 입을 찾아 넣습니다. "BAKERY"라고 적힌 글자를 클릭한 후, 채널 이름인 "오늘의 채널"을 씁니다.

14 글자의 폰트를 Timon 몬소리체로 바꿔주었습니다. 마음에 드는 폰트를 활용해 보세요. 단, 상업적 이용이 가능하면서 영상, CI/BI 사용이 가능한 폰트를 고르는 것이 좋습니다. (폰트의 라이선스를 확인하는 방법은 Plus에서 더 자세히 다룰게요!) 글자를 선택하여 크기와 위치를 조정해 보세요.

15 재생 버튼에 눈이 달린 귀여운 캐릭터를 마우스로 선택하고, Shift 키를 누르면서 동시에 채널 이름을 선택합니다. 왼쪽 메뉴에 [정렬]을 클릭합니다. [가운데]를 선택하여 정돈해 주세요.

16 회색 원을 선택한 후, [삭제] 버튼을 누릅니다. 허전한 부분은 [요소]에서 일러스트를 추가하거나, 글자의 외곽선을 더해 마무리합니다. 오른쪽 위의 [다운로드]를 클릭합니다. [고해상도 다운로드]를 누릅니다. 다운로드 폴더에서 완성된 이미지를 확인하세요. 찾기 쉽도록 이름을 바꾸어 저장하시기를 권장해 드립니다.

3) 프로필 사진 적용하기

01 이제 프로필 사진을 내 채널 프로필 영역에 적용할 차례입니다. 유튜브에 브랜드 계정으로 접속한 상태에서 [내 채널 보기]로 들어갑니다.

02 채널 이름과 핸들 아래의 [채널 맞춤설정]으로 들어갑니다.

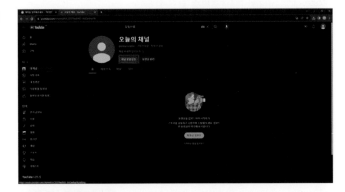

03 채널 맞춤설정 화면이 나타납니다. [브랜딩]을 클릭한 후, 사진 영역의 [업로드]를 클릭합니다. 다운로드 폴더에서 미리캔버스에서 만들어 둔 이미지를 선택합니다.

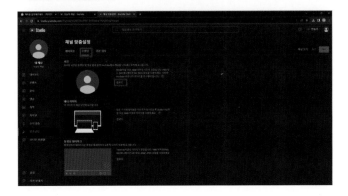

04 사진 맞춤설정 화면에서 이미지와 채널 이름이 원 안에 들어가는지 확인합니다. [완료]를 누릅니다.

05 프로필 사진이 바뀐 것을 확인한 후, 오른쪽 위의 [게시]를 누릅니다.

06 [내 채널]을 눌러 프로필 사진이 잘 적용되었는지 확인합니다. 간혹 적용이 되는데 시간이 걸릴 수 있습니다.

**저작권 침해 걱정 없이 안심하고 쓸 수 있는 폰트 확인하기

➕ Plus | 눈누 사이트에서 폰트 라이선스 확인하기[35]

미리캔버스뿐 아니라 동영상 편집 프로그램 등에서 제공하는 글꼴, 즉 폰트도 모두 저작권이 있습니다. 당연히 라이선스를 확인해야 합니다. 프로그램에 저장이 되어 있거나, "무료 폰트"로 표기가 되어 있다고 해서 모두 다 활용할 수 있는 것이 아니라고 해요. 대체로 이 무료라는 범위도 개인적 용도로 활용하였을 때 한하는 경우가 많습니다. 유튜브 영상도 개인 용도이냐 아니냐고 물으신다면, 확답이 어렵습니다.

그래서 글꼴을 쓰실 때는, 상업적으로도 사용이 가능한 것을 먼저 확인해야 합니다. 그리고 내가 사용하고자 하는 범위가 어디까지인지도 체크해야 하고요. 출처 표시의 여부도 알아보아야 합니다. 이 모든 것을 어디서 확인할 수 있을까요? 바로 "눈누" 사이트를 이용하는 것입니다. 아주 쉬우니까 눈누에서 글꼴의 라이선스를 확인하는 습관을 들여보세요.

01 구글에서 "눈누"를 검색합니다. (혹은 https://noonnu.cc/에 바로 입장하셔도 좋습니다.)

02 검색창에서 라이선스를 확인하고 싶은 폰트의 이름을 검색합니다. 저는 "레코체"를 검색해 보았습니다.

---

35 "무료폰트 쉽게! 한번에 구하기 가능할까?", <유튜브랩 2.0>, 2019.05.06 https://youtu.be/NOue7RR8kSg?si=ZQuuLVLg4z5lDJup

03 폰트 미리보기와 라이선스 본문이 나타
납니다. 다운로드 페이지로 들어가서, 폰트 제
작자의 라이선스를 확인할 수도 있습니다.

04 스크롤을 아래로 내려서 요약된 라이선
스 표도 확인해 보세요. 영상에서만 사용이 가
능한 것이 아니라, 웹사이트, CI/BI도 사용이 가
능한지 확인하는 것이 좋습니다. 프로필 사진,
배너와 썸네일 이미지는 영상에만 국한된 이미
지가 아니니까요.

배너 이미지 만들기 – '잘 갖춰진 채널'의 인상을 주자!

　"채널 아트"라고도 불리는 배너 이미지는 채널의 분위기를 알려주는 중요한 요소입니다. 배너 이
미지는 채널의 성격, 주제, 캐릭터의 느낌을 전달하는 이미지 요소입니다. 영상이 올라오는 주기 · 요
일 · 시간, 채널의 슬로건 등을 직접 전달하기도 합니다. 스마트폰에서는 잘 보이지 않기 때문에 중요
하지 않게 생각하시는 분들도 더러 계시지만, 배너 이미지가 있으면 "잘 갖춰진" 채널이라는 인상을
줍니다. 배너 이미지는 시청자를 구독자로 바꾸는 데 도움을 주는 요소이기도 합니다.

　배너 이미지를 만들기 위해서는 "가이드 이미지"가 필요합니다. 시청자가 채널을 보는 기기가 무엇
인지에 따라 이미지의 크기가 다르게 보이기 때문입니다. 스마트폰에서도, 컴퓨터에서도, TV에서도
내 채널이 잘 드러날 수 있도록 하기 위해서 아래 안내에 따라 다운로드하시길 바랍니다.

1) 가이드 이미지 다운로드

01 네이버에서 "유튜브 배너 이미지 가이드 다운로드"를 검색합니다. 해당 블로그에 들어갑니다. (혹은https://blog.naver.com/max325/221605592487 주소로 들어갑니다.)

02 블로그 포스팅을 확인합니다. 스크롤을 내려서 가장 아래에 있는 "채널아트 템플릿.png" 다운로드 버튼을 누릅니다. (내 컴퓨터에 저장해 두시면 됩니다.)

2) 미리캔버스에서 배너 이미지 만들기

01 프로필을 만들던 화면에서 시작해보겠습니다. 왼쪽 상단의 홈 버튼을 누릅니다.

02 [디자인 만들기] 버튼을 누릅니다. [유튜브]를 누르고 [채널 아트]를 선택합니다.

03 2560px×1440px 배너 이미지 사이즈를 확인합니다. 내 채널과 어울릴 만한 템플릿을 선택합니다. 아래의 페이지를 추가합니다.

04 왼쪽 메뉴의 [작업 공간]을 클릭합니다. 앞서 만들었던 프로필을 클릭합니다. 이렇게 하면 색상 팔레트에 프로필에 쓰인 색상들이 그대로 나타나게 됩니다. 프로필 사진과 배너 이미지의 색상을 통일하여 일관된 느낌으로 편집할 수 있습니다.

05 배너 이미지의 아래 사각형을 선택합니다. 색상을 선택하고 진한 살구색을 선택합니다. 이전 프로필에서 주로 썼던 색상입니다.

06 불필요한 요소는 클릭하여 휴지통 버튼
으로 삭제합니다. 활용할 부분들은 색상을 바
꾸어 줍니다. 프로필에서 사용했던 색상들을
활용합니다.

07 왼쪽 메뉴에서 [배경]을 클릭합니다. 단
색의 색상을 클릭합니다. 색상 팔레트에서 주
된 배경 컬러를 선택합니다.

08 이제 글자의 내용과 폰트를 바꿔줍니
다. 가독성을 높이기 위해서 외곽선을 넣거나
그림자를 넣어 보세요.

09 2페이지에서 프로필에서 만들어 둔 캐
릭터를 선택하고 [복제하기]를 누릅니다. 복제
된 캐릭터를 드래그하여 1페이지로 가지고 올
라갑니다.

10 캐릭터의 이미지 크기를 줄이고 대략 위치를 지정합니다. 완벽하지 않아도 괜찮습니다.

3) 배너 가이드 이미지 활용하여 정렬하기

01 왼쪽 메뉴의 [업로드]를 클릭합니다. 가로로 긴 [업로드]를 클릭하고, 다운로드 받아두었던 가이드 이미지를 불러옵니다.

02 가이드 이미지를 클릭합니다. 편집하는 화면에 가이드 이미지가 들어간 것을 확인합니다.

03 가이드 이미지를 선택하고, 화면에 맞게 크기를 맞춥니다. 불투명도를 약 60%로 낮추어 "모바일 화면"에서 글자와 이미지가 벗어나지 않는지 확인합니다.

04 가이드를 따라 글자와 이미지들을 조정합니다.

05 가이드이미지를 선택 후 삭제합니다. [다운로드]를 누릅니다. [페이지 선택]에서 1페이지만 선택하고, [선택 완료]를 누릅니다.

06 [고해상도 다운로드]를 클릭합니다.

4) 완성한 배너 이미지 유튜브 채널에 적용하기

01 유튜브 홈에서 내 프로필을 누르고 [내 채널 보기]를 클릭합니다. (아까 프로필 사진 적용을 확인한 그 상태입니다.) [채널 맞춤설정]을 클릭합니다.

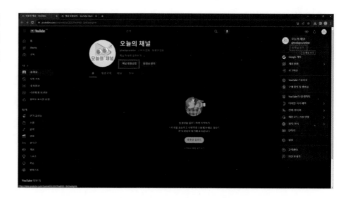

02 [브랜딩]을 클릭합니다. 배너 이미지의 [업로드]를 클릭합니다.

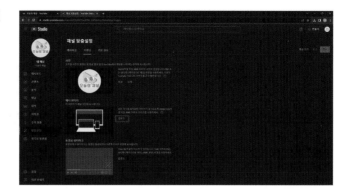

03 배너 이미지가 모든 화면에서 잘 보이는지 확인합니다. 확인이 끝나면 [완료]를 누릅니다.

04 배너 이미지가 적용된 것으로 확인되면, [게시]를 누릅니다. [내 채널] 버튼을 누릅니다.

05 채널에 배너 이미지가 적용된 것을 확인합니다. 적용되는 데 시간이 걸릴 수도 있습니다.

- 프로필 사진과 배너 이미지를 제작하시며 기본적인 미리캔버스 사용법을 배웠습니다. 복습하시면서 미리캔버스 기능들을 익히시면 나중에 썸네일을 만들 때도 요긴하게 사용할 수 있어요!

 PART 02

기획하기

유튜브 크리에이터라고 하면 카메라 앞에 선 모습이나 편집 프로그램을 다루는 모습을 떠올리곤 합니다. 하지만 촬영과 편집이 제대로 이뤄지기 위해서는 기획의 단계가 꼭 필요합니다. 기획은 어렵지 않습니다. 촬영하려는 내용이 내가 담고자 하는 이야기인지 확인하는 과정이에요.

영상을 통해 어떤 이야기를 전달할지 크리에이터 본인이 정확하게 알고 있어야 합니다. 그래야 콘텐츠를 만들었을 때 시청자들도 크리에이터가 무슨 말을 하는지 쉽게 알 수 있고 나아가 재미를 느끼게 됩니다.

 ● 실시간

콘텐츠 및 타깃 정하기

기본을 갖췄으니, 콘텐츠와 타깃에 대해 고민해 볼 차례입니다. 내 콘텐츠와 내 콘텐츠를 보여주고 싶은 대상에 대해 생각하면 생각할수록 더 좋은 영상이 나온답니다. 이번 챕터를 통해 우리 같이 고민해 봐요!

▶ ▶❙ 🔊 16:15/17:56 ⚪▶ ▣ ▭ 〔 〕

저작권 개념 – 아는 만큼 보이는 저작권의 세계

콘텐츠 기획을 하기 앞서서 저작권에 관해 이야기하지 않을 수 없습니다. 콘텐츠 기획을 시작하기 전에 저작권에 대한 개념을 확실히 쌓고 간다면 다른 창작자의 권리를 존중하며 자유롭게 내 콘텐츠를 만들 수 있습니다.

실제로 오프라인 수업을 나가면 빠지지 않고 하시는 질문이 바로 저작권 부분입니다. 많은 분이 궁금해하시는 저작권의 기본 개념에 대해 알아봅시다.

유튜버로서 당연히 누려야 할 권리인 저작권에 대해서 정확하게 아는 것이 중요합니다. [36]본격적인 저작권 공부를 하기 전에 저작권이 태어난 배경을 조금 살펴봅시다. 글을 손으로 직접 쓰던 시기가 지나고 많은 양의 글을 동시에 찍어내는 인쇄를 하기 시작하면서, 이전에는 존재하지 않았던 권리에 대한 필요성이 생기게 되었습니다. 동시에 시나 소설, 음악과 같은 예술 문화가 자리 잡으면서, 창작물의 권리에 대한 생각이 깊어지기 시작했습니다. 영국, 프랑스, 독일, 미국의 저작권법 성장 배경을 보면, 기술과 문화예술의 발전을 중심으로 저작권법이 뿌리내리기 시작했습니다.

대한민국의 저작권법도 점차 발전하고 있습니다. 우리나라의 경우 무형의 창작물을 개인의 소유로 인정하는 시각이 자리 잡은 것은 얼마 되지 않았습니다. 이전에는 저작권의 보호 범위에 미술, 음악, 영화 등은 포함되지 않았으나, 최근까지 개정에 개정을 거듭하면서 글로 적힌 문학 작품, 미술, 음악, 영상, 컴퓨터 프로그램 같은 다양한 콘텐츠를 저작물로 보고, 그 저작물에 대한 모든 권리를 인정하게 되었습니다.

---

36 "크리에이터라면 반드시 알아야 할 저작권 개념 기본", <유튜브랩>, 2017.09.27, https://youtu.be/ISBTH0zaxl4
　　"저작권 공부 유튜버라면 꼭 알아야 한다", <유튜브랩>, 2017.10.02, https://youtu.be/y0TkJUWCwng

저작물은 모두 영향력 있고 가치가 있어야만 보호를 받는 것이 아닙니다. 저작권법 제2조 1항에 의하면 "저작물은 인간의 사상 또는 감정을 표현한 창작물"입니다. 저작물의 보호 요건은 사회 문화적인 영향력이나 가치, 규모, 길이가 아니라 독창성이 있느냐 없느냐에 따라 나뉜다는 사실을 잊지 마세요.[37]

저작권 보호의 대상	저작권 비보호 대상
음원 및 음악작품	아이디어
강연, 기사, 도서 등 저술 작품	단순히 재료를 나열한 레시피
사진, 회화, 포스터, 광고 등 시각 작품	사실 및 절차
비디오 게임 및 컴퓨터 소프트웨어	저작권자 사망 후 70년이 지난 작품
연극, 뮤지컬 등의 극작품	헌법, 법률, 조약, 명령, 조례 및 규칙
건물, 도면 등 건축 작품 TV 프로그램, 영화, 온라인 동영상 등의 시청각 작품	법원의 판결, 결정, 명령 및 심판

ⓔ 저작권 보호 대상과 비보호 대상을 간략하게 나타낸 표.

우리나라는 저작권에 대해 무방식주의를 지니고 있습니다. 저작물의 창작이 있기만 하면, 만든 순간부터 자연적으로 저작권이 생기게 됩니다. 그 작품이 세상에 공개되지 않은 것이라도 말이죠.

저작권은 단순한 하나의 권리가 아니라, 저작인격권과 저작 재산권으로 나뉩니다. 그 안에서 또다시 세부적으로 권리들이 나뉘어 있습니다.[38]

먼저 저작 인격권을 살펴봅시다. 저작 인격권은 저작물에 대해 저작자가 인격적으로 갖는 권리입니다. 이는 양도나 상속할 수 없는 권리입니다. 저작자가 자신이 저작자임을 주장하고 표시할 수 있는 '성명표시권', 저작물을 발표할 권리인 '공표권', 창작한 본래의 모습 그대로 활용되도록 할 권리인 '동일성 유지권'이 있습니다.

예를 들어, 유튜브랩의 커피캣과 허피디가 스마트폰을 이용해 "연 500회 이상의 강의를 진행한 유튜브 전문 교육 강사가 전하는 유튜브 꿀팁"이라는 5분 길이의 영상을 찍었습니다. (연 500회 이상의 강의를 한 경험은 다른 사람의 것을 가지고 오기 어렵고 그 내용 또한 다른 사람의 것을 침해하지 않는 순수 창작의 형태입니다.)

영상을 촬영하자마자, 커피캣과 허피디에겐 저작권이 생깁니다. 먼저 커피캣과 허피디가 이 영상을 만들었음을 알 수 있도록 이름을 표시할 성명표시권이 있습니다. '커피캣과 허피디'라는 유튜브 채널에서 사용하는 예명으로 발표할 것인지, '강민형과 박현우' 본명으로 발표할 것인지도 저작권 소유자가 선택할 수 있습니다. 커피캣과 허피디는 예명을 사용하기로 합니다.

이제는 이 영상 콘텐츠를 외부에 공개할 것인지, 내부 기록용으로 비공개로 남겨둘 것인지를 결정해야 합니다. 이것이 바로 공표권과 관련된 내용입니다. 단순히 발표하느냐 마느냐 뿐 아니라 언제 어떤 방식으로 발표할지도 결정할 수 있습니다. 커피캣과 허피디는 다가오는 수요일 저녁 9시에 유튜브랩 유튜브 채널에 영상 콘텐츠를 업로드하는 방식으로 영상을 발표하기로 합니다.

---

37 "저작권법", <국가법령정보센터>, http://www.law.go.kr/lsInfoP.do?lsiSeq=204802&efYd=20181016#0000
38 "저작권이란", <한국저작권위원회>, https://www.copyright.or.kr/education/educlass/learning/what-the-copyright/definition/index.do

마지막으로는, 동일성 유지권입니다. 커피캣과 허피디가 만든 영상은 그 자체로 하나의 작품이기에 다른 누군가가 커피캣과 허피디의 허락을 받지 않고 1분 정도로 영상을 요약하거나, 특정 부분만 잘라 활용하거나, 제목을 바꿔서는 안 됩니다. 물론 여기에서는 예를 들기 위해서 촬영한 영상 자체를 완성된 콘텐츠로 가정하고 이야기를 풀어 나갔습니다. 실제로 콘텐츠의 품질을 높이기 위해서 상호 간의 협의로 편집이 행해진 경우는 동일성 유지권을 침해한 행위가 아닙니다.

저작물을 이용하는 것으로부터 생기는, 경제적인 이익을 보호하기 위한 권리인 저작 재산권에 대해 알아볼까요? 저작 재산권은 '재산권'이기 때문에 각각 개별적으로 권리를 행사할 수 있고 양도와 상속은 물론 매매와 증여도 가능합니다.

저작재산권에는 저작물을 인쇄, 복사, 사진 촬영할 수 있는 '복제권', 판매용 음반과 컴퓨터 프로그램에만 적용이 되는 '대여권', 여러 사람 앞에서 연주, 상영, 가창하거나 녹음기, 녹화기를 재생하는 권리인 '공연권', 미술 작품이나 사진, 건축물의 원본 혹은 복제물을 전시할 권리인 '전시권', 원본이나 복제물을 나눠주거나 빌려주는 권리인 '배포권', 여러 사람이 저작물을 수신하고 접근할 수 있도록 송신하는 '공중송신권', 원래 있던 저작물을 번역, 변형, 각색, 편곡하는 등의 방법으로 이용하는 '2차적 저작물 작성권'이 있습니다. 그중에서도 유튜브 크리에이터를 꿈꾸는 분들이 가장 주의 깊게 살펴야 하는 법이 바로 "공중 송신권"과 "2차적 저작물 작성권"입니다.

'공중 송신권'을 찬찬히 살펴볼까요? 저작 인격권에서 활용한 예시를 그대로 이어서 설명하자면, 커피캣과 허피디가 만든 영상을 다른 사람이 허락받지 않고 라디오나 TV에서 방송하는 일은 공중 송신권을 침해하는 행위가 됩니다. 이뿐 아니라 각자 원하는 시간과 장소에서 영상을 볼 수 있는 공간인 블로그에 영상을 올리는 일(링크가 아니라 유튜브에서 영상 자체를 다운로드 받아 올리는 일), 인터넷 방송 공간에서 해당 영상을 재생시키는 일을 해서는 안 된답니다.

유튜브 크리에이터분들에게 가장 어렵게 다가오는 권리가 "2차적 저작물 작성권"입니다. 영상에서 영화나 뮤직비디오의 일부분을 활용하거나, 기존에 발표된 노래를 따라 부르는 커버 곡 장르를 하시거나, 발표된 노래의 춤을 따라 추는 커버 댄스 크리에이터분들, 노래는 똑같지만, 안무가 다른 콘텐츠를 제작하는 분들은 2차적 저작물 작성권에 대해 반드시 잘 이해하고 있어야 합니다.

기존의 존재하는 저작물의 경우 '내가 만든 것'이 아니라면 모두 저작권 소유자가 있기 마련입니다. 2차적 저작물 작성권은 저작권 소유자의 권리이므로 원칙적으로는 허락 없이 사용하고 싶은 대로 사용할 수 없습니다. 그렇다면 아예 방법은 없는 것일까요? 그렇지는 않습니다. 시간이 걸리기는 하지만, 저작권 소유자에게 허락을 구하고 답을 받은 뒤에 사용하면 됩니다.

"뭐 그렇게까지 해야 하나요? 제가 영상에 담아주면 홍보도 되고 좋은데 그냥 쓰면 안 되나요?"라고 간혹 질문을 하시기도 합니다. 영상을 통해 홍보가 이뤄졌는지, 도움이 되었는지와는 별개로 사용을 한 것 자체가 문제가 될 수도 있습니다. 당장은 아무 일이 일어나지 않아 보일지도 모릅니다. 하지만 늘 저작권 침해의 신고 대상이 될 수 있는 불완전한 상태에 놓이게 됩니다. 저작권 강사 양성 프로그램을 잠시 들은 적이 있는데 함께 수업을 들었던 좋아하는 저작권 강사님의 명언이 떠오르네요. "안 걸리면 장땡? 그러다 걸리면 망함!"

저작권법의 제1조 1항에서는 저작권법에 대해 이렇게 말하고 있습니다.[39] "저작자의 권리와 이에 인접하는 권리를 보호하고 저작물의 공정한 이용을 도모함으로써 문화 및 관련 산업의 향상 발전에 이바지함을 목적으로 한다." 즉, 여러분들의 저작물을 보호하고 대한민국의 문화와 관련 산업의 향상과 발전을 이끄는 소중한 법이 바로 저작권법이랍니다. 법의 종류가 많고 조항도 까다롭지만, 그만큼 법이 여러분들의 저작물을 세세하게 지켜준다는 것이니 관심을 가지고 찬찬히 살펴보셨으면 좋겠습니다.

자주 하는 저작권 질문 Top 10

Q 가수의 무대를 직접 촬영했습니다. 제가 직접 촬영한 영상은 제가 저작권자가 되는 거죠?

A 아니에요. 가수의 무대, 즉 공연은 저작권으로 보호받는 저작물입니다. 말씀하신 촬영은 공연 저작물을 카메라로 복제한 것으로 볼 수 있습니다. 만약 이 영상을 유튜브에 올리게 되시면 공중송신권 침해 가능성이 생길 수도 있습니다.
소개를 위해서 아주 짧은 일부 내용만을 올린다면 공정이용에 해당할 수도 있습니다. 하지만 공정이용에 해당하기 위해서는 저작자의 정당한 이익을 해치지 않아야 하며, 저작물의 통상적인 이용 방법과 충돌하지 않아야 합니다. 또한 이용의 목적과 성격, 저작물의 종류와 용도, 이용된 부분이 저작물 전체에서 차지하는 비중과 그 중요성, 저작물의 이용이 저작물의 가치에 미치는 영향 등이 고려되어야 합니다.[40]

Q 애니메이션의 캐릭터를 따라 그리는 건 많이 하잖아요? 원본이 화면에 나오지 않으면 괜찮지 않을까요?

A 어떤 캐릭터를 그린 것인지 알아볼 수 있을 정도라면 '복제'에 해당할 수 있습니다. 원본이 영상에 나오느냐 아니냐는 상관이 없습니다. 저작권법에서 복제는 사진 촬영, 복사, 녹음, 녹화, 인쇄 등을 포함합니다.[41] 손 그림이나 필사도 복제로 볼 수 있습니다.

39 "저작권법", <국가법령정보센터>, http://www.law.go.kr/lsInfoP.do?lsiSeq=204802&efYd=20181016#0000
40 저작권법 제35조의5
41 저작권법 제2조 22

그런데 변화가 아주 많아서 원 캐릭터를 전혀 알 수 없을 정도라면 새로운 저작물로 인정받을 수 있습니다. 비슷한 사례로 특정한 음악을 편곡하여 원곡을 알 수 없을 정도로 변형되면 새로운 저작물로 인정을 받을 수도 있습니다. 해당 캐릭터나 음악을 참고한 것으로 보는 거죠.

Q 교과서에 나오는 지문들도 저작권이 있나요?

A 네. 있습니다. 교과서도 저작권 보호의 대상이랍니다. 교육 프로그램을 제작할 때 교과서 출판사들과 저작권 협상을 진행하고, 대가를 지불합니다. 만약 교과서에 나오는 지문을 활용하시고 싶다면 교과서 저작권자에게 사용 허가를 받아야 합니다. 출판사에 문의해 보시는 게 가장 정확하고 빠른 답변을 얻으실 수 있을 겁니다.

비슷하게 자주 물으시는 내용이 토익이나 수능과 같은 시험의 기출문제인데요. 공식적인 시험이니 쓸 수 있지 않냐고 많이들 물으시더라고요. 토익은 ETS, 수능 기출문제는 한국교육과정평가원에 저작권이 있으니 각 기관에 허가를 구하시면 됩니다.

Q 노래를 직접 불러서 영상을 업로드 하고자 하는데요. 이 경우에는 직접 불렀으니 저작권 문제가 없겠지요?

A 직접 노래를 부르시거나, 악기를 연주하시더라도 저작권자에게 이용 허락을 구해야 합니다. 실연자인 가수나 연주자에게는 허가를 받지 않으셔도 되지만 작곡, 작사, 편곡 등에 대한 허가를 구해야 합니다.

유튜브에서 커버 곡을 부르시거나 연주하는 경우, 가수의 춤을 따라 하는 댄스 커버의 경우에 모든 크리에이터들이 직접적으로 허가를 구하고 있는 것은 아닙니다. 하지만 이용 허락 혹은 사용료를 지불하는 것이 원칙이에요. 그래서 영상을 유튜브에 업로드했을 때, 저작권자에게 유튜브 YPP 수익이 돌아가는 것이 기본이며 언제든지 영상을 내리거나, 저작권자, 실연자, 혹은 음반 제작자의 법적 요구를 들어야 할 상황이 펼쳐질 수 있다는 것을 기억하셔야 합니다.

Q 유튜브에서 다들 쓰는데, 꼭 허가를 구해야 하나요?

A 먼저 유튜브에서 음악, 영화, 공연 등의 음원이나 영상을 활용하는 채널들이 정말 그냥 쓰는 것인지 확인이 어렵습니다. 채널들이 저작권 이용 허락을 받고 사용 중인지, 저작권자가 직접 운영하는 채널인지, 화이트리스트[42]에 등록되어 저작권을 활용할 수 있는 채널인지를 당사자가 아니면 알 수가 없습니다.

지금 당장은 문제가 없어 보이는 허락을 구하지 않은 채널들도 있을 거예요. 하지만 저작자, 저작권소유자가 앞으로도 계속해서 문제로 삼지 않으리라는 보장이 없습니다. 그 문제의 대상이 내가 아니라는 보장 역시 없습니다.

---

42 저작권과 같은 특정 권한에 대해 허가하는 채널들의 목록

영상을 기획하고 촬영하고 편집하는 노력과 시간과 비용이 들어가잖아요? 열심히 제작한 콘텐츠를 나중에 내려야 하거나, 큰 비용을 물어야 할 위험성을 생각한다면 가급적 허가를 받으시기를 권하고 싶습니다.

Q 영상 제작비를 지원했으면, 지원자에게 저작권의 일부가 생기는 거 아닌가요?

A 아니에요. 저작물을 실제로 창작한 사람이 저작자가 됩니다. 제작비를 지원하거나, 아이디어를 제공하거나, 교정하거나, 자료 수집을 했거나, 영상 주문이나 의뢰를 한 것은 저작권과는 상관이 없습니다. 제작비는 제작에 관련한 비용일 뿐, 저작권에 대한 비용이라 보기 어렵습니다. 제작비를 지원하셨어도 영상을 활용하고 싶으시다면, 저작권을 양도받거나 이용 허락을 받아야 합니다.

Q MCN(다중 채널 네트워크) 회사에 가입하면 회사에서 저작권을 가져가게 된다던데요?

A 아닙니다. 언제나 창작자가 저작권을 가집니다. 제작비를 지원한 사람도 저작자가 될 수 없듯이 파트너쉽을 맺은 회사가 저작권을 바로 가질 수 없습니다. 대형 MCN에서 저작권을 가져가는 경우는 특별한 계약을 따로 맺지 않는 한 거의 없답니다.
만약 불안하시다면 저작권에 대한 조항을 명확하게 계약서에 명시하시는 것을 추천해 드립니다.

Q 유튜브에 저작권을 확인하는 시스템이 있으니, 유튜브에서 따로 조치를 취하지 않으면 저작권 침해가 아니지 않나요?

A 유튜브의 저작권 관련 정책은 저작권을 보호하고자 하는 기업의 방식일 뿐, 법적인 책임까지 다루는 것이 아닙니다. 즉 유튜브의 시스템에 걸리지 않은 것과 저작권법의 침해 결정이 일치하는 것이 아닙니다. 반대로 시스템에 의해 걸렸다고 해서 당장 저작권법의 침해가 되는 것도 아닙니다. 저작권 침해다 아니다를 판단하는 것은 법원임을 기억해 주세요.

Q 쓸 수 있는 게 전혀 없는데, 활용할 수 있는 영상이나 이미지를 다운로드 받을 만한 곳은 없을까요?

A 저작권 침해에 대한 걱정없이 활용할 수 있는 사이트를 소개해 드립니다. 꼼꼼하게 사용 유형을 확인하시면 마음 편히 콘텐츠에 응용하여 사용이 가능하답니다.

▪ **공공누리** : https://www.kogl.or.kr/
국가, 지방자치단체, 공공기관이 만들고 개방한 공공저작물을 통합하여 제공하는 서비스입니다. 저작물별로 적용되는 이용조건에 따라 저작권 침해 걱정없이 무료로 자유롭게 이용할 수 있습니다.

제 1유형은 출처를 표시하여 사용할 수 있습니다. 제 2유형은 출처 표시와 더불어 상업적 이용을 금지합니다. 제 3유형은 출처 표시를 하되 2차적 저작물 작성을 금지합니다. 제 4유형은 출처 표시와 더불어 비상업적 이용만 가능하며, 변형과 같은 2차적 저작물 작성을 금지하는 유형입니다.

■ **공유마당** : https://gongu.copyright.or.kr/

저작권이 만료된 저작물, 자유이용허락저작물, 기증된 저작물, 공공콘텐츠와 같은 공유저작물을 제공하는 서비스입니다. 공공누리와 마찬가지로 저작물별로 적용되는 이용조건을 확인하고 사용하시면 됩니다.

CC라이선스를 이해한다면 공유마당의 저작물을 사용하는데 전혀 어려움이 없습니다. CC라이선스는 크리에이티브 커먼즈 라이선스(Creative Commons License)의 준말입니다. 저작자의 권리를 지키면시 지작물을 공유할 수 있는 방식을 말합니다. 저작자가 표시한 이용허락 조건에 따라 저작물을 이용할 수 있는데, 이용허락 조건으로 구성된 6가지의 라이선스는 다음과 같습니다.

1. '저작자 표시(CC BY)'는 저작자, 출처 표시만 하면 자유롭게 이용할 수 있습니다.
2. '저작자 표시-비영리(CC BY-NC)'는 저작자, 출처 표시를 하여 사용이 가능하지만, 상업적 이용이 불가능합니다.
3. '저작자 표시-변경금지(CC BY-ND)'는 저작자, 출처 표시를 하며 상업적 이용이 가능하지만, 변경하거나 2차 저작물을 만들어서는 안됩니다.
4. '저작자 표시-동일조건변경허락(CC BY-SA)'는 저작자 및 출처를 표시하고 상업적 이용과 2차 저작물 제작이 가능하지만, 2차 저작물에 원저작물과 동일한 라이선스를 적용해야 합니다.
5. '저작자 표시-비영리-동일조건변경허락(BY-NC-SA)'는 저작자 및 출처 표시를 하고 2차 저작물을 만들어도 되지만, 상업적 이용이 불가능하고 2차 저작물에 원저작물과 동일한 라이선스를 적용해야 합니다.
6. '저작자 표시-비영리-변경금지(BY-NC-ND)'는 저작자와 출처 표시를 하고 사용하되, 상업적 이용이 불가능하고, 2차 저작물을 만들어서는 안됩니다.

■ **언스플래쉬**: https://unsplash.com/ko

100만장 이상의 이미지를 무료로 제공하는 사이트입니다. 저작권 고지를 하지 않아도 되지만 사이트에서는 가능한 경우에 사이트에서는 가능한 경우에 저작권 고지를 해주기를 권하고 있습니다.

■ **펙셀스**: https://www.pexels.com/ko-kr/

매일 새로운 고해상도 사진이 추가되는 곳으로, 무료로 이미지와 영상을 활용할 수 있는 사이트입니다. 기본적으로 저작권 고지를 하지 않아도 됩니다. 하지만 저작권 고지를 하는 것을 추천합니다.

Q 저작권이 너무 복잡해요. 케이스마다 다른 거 같은데 도움을 받을 만한 곳은 없나요?

A 한국 저작권 위원회에서 운영하는 상담을 추천해 드립니다. 저또한 많은 도움을 받고 있습니다. 챗

봇에 문의하거나, 최신 저작권 이슈를 반영한 정보를 제공하는 자동상담을 이용하시거나, 법률상담이 직접 상담해주시는 전화 및 화상 상담을 이용하실 수도 있습니다.

- **전화 상담**: 1800-5455
- **화상 상담**: 저작권 위원회(https://www.copyright.or.kr/) 회원 가입 후 온라인 예약
- **자동 상담**: https://www.copyright.or.kr/business/law-counsel/index.do

시청자들에게 사랑받는 콘텐츠 소재 찾기

'유튜브 시작하기'에서 우리는 채널에 대한 전체적인 구상을 이미 해둔 상태입니다. 그래서 이번에는 콘텐츠 한 편 한 편을 기획하는 방법에 대해 다루려고 합니다. 아직 채널 기획을 확정하지 않으신 분들도 걱정하지 마세요. 고민하는 과정은 창작자에게는 매우 의미 있는 일입니다. 한 단계씩 차근차근 책의 내용을 따라가며 이것저것 시도해 보세요. 질문에 답하고 실습지를 채워가며 기획력이 쑥쑥 자랄 겁니다.

먼저 장르를 기준으로 콘텐츠 소재를 다듬어 봅시다. 예를 들어 장르를 ASMR[43]로 정했습니다. 그럼, 다음과 같은 내용을 떠올려 볼 수 있어요.

- 먹는 소리 (Eating Sound)
- 자연의 소리 (빗소리, 바람 소리, 파도 소리…)
- 속삭이는 소리 (Whisper)
- 두드리는 소리 (Tapping)

다양한 내용들이 나왔지만, 콘텐츠 소재라 보기에는 꽤 광범위합니다. 하위 장르로 볼 수도 있겠네요. 다 활용할 수도 있겠지만, 지금 당장은 하나의 콘텐츠를 만들기 위해 하나를 정해 봅니다. "먹는 소리"를 파고들어 보죠. 촬영하고 싶은, 혹은 촬영이 편리한 음식을 떠올린 다음, 어떤 포인트를 가지고 먹는 소리를 내면 좋을지 구체화해 보는 거예요.

- ○○○○라면 → 호로록 소리가 좋다. 야식으로 많이 선택되는 메뉴다.
- ○○○치킨 → 늘 인기 있는 음식이고, 바사삭 소리가 매력적이다.
- ○○젤리 → 편의점에서 살 수 있어 인기가 많은 젤리, 바삭하는 소리와 쫀득한 소리가 같이 난다.

---

43 Autonomous Sensory Meridian Response. 백색 소음, 반복되는 소리 등을 통해 기분좋은 자극을 추구하는 장르

최종적으로 정리해 봅시다.

- 야식 대리만족을 주는, 호로록 소리를 반복적으로 내는 ○○○○ 라면 ASMR
- 프라이드 치킨 튀김 옷에서 나는 바사삭 소리만 잡아낸 ○○○ 치킨 Eating Sound
- ○○젤리 모든 종류를 가능한 많이 확보해서 한입에 여러 개 씹는 ASMR

콘텐츠 소재는 '먹는 소리' ASMR 장르와 어울리는 아이템(음식)과 그 아이템의 매력을 구체화한 것까지라는 걸 알 수 있습니다. 단순히 음식만 선정하게 되면, 그건 촬영의 대상만 정하게 됩니다. 물론 그것만으로도 멋진 영상을 만드실 수 있어요. 하지만 아이템이 돋보일 수 있는 상황이나, 매력 포인트까지 함께 정리하면 훨씬 더 흥미로운 콘텐츠를 만들 수 있습니다. 아이템과 매력 포인트만 정리했을 뿐인데 머릿속에서 영상이 그려지는 기분이 들지 않나요?

콘텐츠 소재라는 표현은 '콘텐츠 아이템'과 '콘텐츠 아이디어'와 통용되어 쓰이고 있어요. 어떤 크리에이터는 아이템만 정하고 촬영하기도 하고, 다른 크리에이터는 지금처럼 구체화한 내용까지 갔을 때 기획안을 정리하기도 합니다. 창작에 정답은 없지만 초보일수록 이 과정을 연습하는 것을 추천해 드립니다. 이 과정을 반복하면서 재미있는 콘텐츠가 쏟아져 나오거든요.

다른 장르도 연습해 볼까요? 여행 장르를 해봅시다. 보통 여행 크리에이터분들은 해외여행을 많이 떠나시지만, 일상을 다루는 브이로그, 차박이나 백패킹을 포함한 캠핑 유튜버분들도 여행 장르로 묶어서 본다면 크게 다음과 같이 나눌 수 있겠습니다.

- 국내 여행
- 해외여행

자, 그럼 다시 파고들어 봅시다. '해외여행'의 여행지를 적어 보는 거예요.

- 일본
- 중국
- 미국
- 영국

여전히 매우 범위가 넓습니다. 여러 개 국가 중 하나로 여행지를 좁히고, 여행지에서 사람들이 궁금해할 법한 아이템과 그 아이템이 지닌 매력 포인트를 짚어봅시다.

- 스콘, 쉐퍼드파이 → 영국 음식은 흔히 맛이 없다고 생각하지만, 맛있는 음식도 있다.
- 토트넘 직관 → 축구를 좋아한다면 다들 보고 싶어 하는 경기장에서의 관람
- 물가 → 여행 외에도 이민이나 유학, 해외 취업을 생각하는 사람들이 궁금할 법한 내용

여행 콘텐츠에는 여행자의 캐릭터나 상황을 구체적으로 더하면 더욱 매력적으로 보일 수 있어요. 정리를 하면 다음과 같습니다. 소재가 구체화화면 약간의 보완을 거쳐서 바로 제목이나 썸네일에 적용할 수도 있어요.

- 영국 음식은 진짜 맛이 없을까? 영국 여행이라고 하지만 영국 맛집 위주 전달
- 토트넘 직관 축구 덕후 인생 최고의 여행 영국 편
- 백수 여행 유튜버가 충격적인 영국 물가에 대처하는 법

소재를 정리한 후에 가장 만들고 싶은 마음이 솟구치는 아이디어 하나를 선택하시면 됩니다. 위의 과정을 표로 정리했어요. 저와 함께 연습을 해보셨으니, 이번에는 여러분의 소재를 설정할 차례입니다. 표를 참고해서 내 콘텐츠 소재를 정해보세요!

콘텐츠 소재를 정하는 과정		
장르 설정	ASMR	여행
하위 장르 떠올리기	먹는 소리 자연의 소리 속삭이는 소리 두드리는 소리	국내 여행 해외여행 (일본, 중국, 미국, 영국)
하위 장르 선정하기	먹는 소리	영국 여행
관련 아이템 떠올리기	○○○○ 라면 ○○○ 치킨 ○○ 젤리	스콘, 쉐퍼드파이 토트넘 직관 매우 높은 물가
아이템의 매력 포인트	• ○○○○ 라면 → 호로록 소리가 좋다. 야식으로 많이 선택되는 메뉴다. • ○○○치킨 → 늘 인기 있는 음식이고, 바사삭 소리가 매력적이다. • ○○ 젤리 → 편의점에서 살 수 있어 인기가 많은 젤리, 바삭하는 소리와 쫀득한 소리가 같이 난다.	• 스콘, 쉐퍼드파이 → 영국 음식은 흔히 맛이 없다고 생각하지만, 맛있는 음식도 있다. • 토트넘 직관 → 축구를 좋아한다면 다들 보고 싶어 하는 경기장에서의 관람. • 물가 → 여행 외에도 이민이나 유학, 해외취업을 생각하는 사람들이 궁금할 법한 내용
콘텐츠 소재 정리	• 야식 대리만족을 주는, 호로록 소리를 반복적으로 내는 ○○○라면 ASMR • 프라이드 튀김 옷에서 나는 바사삭 소리만 잡아낸 ○○○치킨 Eating Sound • ○○젤리 모든 종류를 가능한 많이 확보해서 한입에 여러 개 씹는 ASMR	• 영국 음식은 진짜 맛이 없을까? 영국 여행이라고 하지만 영국 맛집 탐방 위주 전달 • 토트넘 직관 축구 덕후 인생 최고의 여행 영국 편 • 백수 여행 유튜버가 충격적인 영국 물가에 대처하는 법
이번에 촬영할 아이디어 확정	○○젤리 모든 종류를 가능한 한 많이 확보해서 한입에 여러 개 씹는 ASMR	백수 여행 유튜버가 충격적인 영국 물가에 대처하는 법

콘텐츠 소재 정하기	
장르 설정	
하위 장르 떠올리기	
하위 장르 선정하기	
관련 아이템 떠올리기	
아이템의 매력 포인트	
콘텐츠 소재 정리	
이번에 촬영할 아이디어 확정	

신선한 아이템을 발굴하는 3가지 방법

콘텐츠 소재를 정리해 보셨는데요. 콘텐츠 아이템을 고르는 것이 만만치 않으셨을 거예요. 특히 초반에는 아이템이 마구마구 떠오르지만 가면 갈수록 고갈되는 느낌이 들 수도 있습니다. 이때 크리에이터분들이 많이 활용하시는 노하우 3가지를 살짝 알려 드릴게요!

1) Google 트렌드 이용하기

첫 번째는, '지금, 이 순간 가장 유행하는 것'을 활용하는 방법입니다. 해마다 유행하는 아이템이 존재하기 마련입니다. 허니버터칩이 대한민국을 강타했을 때 정말 많은 유튜버분이 허니버터칩을 구해서 그 맛과 향, 식감을 설명하는 영상을 올렸습니다. 그리고 그 인기만큼이나 어마어마한 조회수를 기록하였죠. 불닭볶음면이 인기를 얻었을 때는 해외의 유튜버들까지도 "한국의 매운 라면 리뷰"의 형식으로 앞다투어 영상 콘텐츠를 제작했어요. 역시 높은 조회수를 기록했었습니다.

하지만 지금은 허니버터칩과 불닭볶음면의 시식 영상이 예전만큼 높은 조회수를 기록하거나 사람들의 입에 오르내리지는 않습니다. 두 음식의 마니아분들이 있으시고, 다른 아이템이나 새로운 콘텐츠 소재를 결합하여 인기를 끌기도 합니다. 하지만 처음에 제품이 출시되었을 때처럼 신선하게 여기던 때는 지나갔습니다. 이미 시청자들이 영상을 보았고 실제로 먹는 경험을 하기도 했으니까요. 무엇보다도 뜨거웠던 관심이 이미 다른 쪽으로 넘어갔기 때문입니다.

유행하는 것을 찾으라는 말은 쉽지만, 어디에서 시작해야 할지 감이 오지 않는다면 저는 '구글 트렌드'를 추천합니다. 구글 트렌드는 구글 웹 검색 결과 중 일부를 분석하여 특정한 기간 내에 검색이 얼마나 이뤄졌는지를 확인합니다. 인기도를 거의 실시간으로 반영한 그래프를 볼 수 있고, 비슷한 다른 검색어와 비교하여 어떤 검색어가 더 많이 검색되었는지 확인할 수도 있습니다.

구글 트렌드에서 현재 유행인 소재를 발굴할 때는 [실시간 인기] 탭을 활용하는 것도 좋습니다. 이 탭에서는 일별 인기 급상승 검색어, 실시간 인기 급상승 검색어를 국가별로 확인할 수 있습니다. 지금 사람들이 어디에 관심이 있는지, 또 어떤 것이 유행인지 검색 결과를 통해 미루어 짐작할 수 있습니다.

01 구글에서 "구글트렌드"를 검색합니다. 상단에 나온 결과를 클릭하여 구글 트렌드로 진입합니다. (혹은 https://trends.google.co.kr/ trends/ 주소로 들어가도 좋습니다.)

02 Google 트렌드의 홈 화면입니다. 현재 사람들의 관심이 쏟아지는 키워드와 관련 뉴스를 보여줍니다. 관련 키워드를 검색하여 볼 수도 있습니다.

- 대한민국에서 2023년 10월 30일에는 "맨유"에 관한 관심도가 높았습니다. 그날, 맨체스터 유나이티드와 맨체스터 시티의 경기가 있었습니다.

03 [탐색] 탭으로 들어가서 검색어를 추가하여 내 콘텐츠와 관련 있는 키워드들끼리 비교할 수도 있습니다.

04 "유튜브랩", "유튜브 전문가", "유튜브 교육" "유튜브 강의", "유튜브 공부"를 입력했습니다. 기본적으로 '지난 1일, 웹페이지'를 기준으로 하여 결과를 보여주기 때문에 "지난 12개월", "유튜브 검색"으로 바꾸었습니다. 1년 동안 해당 키워드들의 유튜브에서 관심도 변화를 확인합니다.

- 여기서 숫자는 사람들이 실제 검색한 횟수를 뜻하지 않습니다.
- 키워드와 내가 예상한 콘텐츠가 일치하지

않을 수도 있습니다. 예를 들어 "유튜브 공부"는 유튜브에 관해 공부하는 것으로 볼 수도 있지만, "유튜브에서 공부하는 모습" 이 될 수도 있고, "공부법에 관한 영상"을 일컫는 것일 수도 있습니다.

05 어떤 키워드로 관심도를 확인할지 모르겠다면 [실시간 인기] 탭을 클릭합니다. 내 콘텐츠와 연관 지을 수 있는지 생각해보고 활용합니다.

2) 이벤트 달력 활용하기

두 번째로 소재를 찾아내는 방법은 바로 달력을 가까이하는 것입니다. 우리나라는 거의 월마다 독특한 이벤트들이 있습니다. 한 번 살펴볼까요? 1월에는 새해를 비롯하여 설 명절, 2월에는 졸업식, 3월에는 3·1절, 화이트데이, 개학, 4월에는 만우절, 벚꽃축제, 5월에는 가정의 달로 어린이날, 어버이날, 스승의 날, 석가탄신일, 6월에는 호국보훈의 달, 7월과 8월에는 방학, 바캉스, 9월에는 추석 명절, 10월에는 가을 여행, 핼러윈, 11월에는 수능과 빼빼로 데이가 있습니다. 12월에는 성탄절, 송년회 등이 있습니다. 이 외에의 기념일, 공휴일, 절기, 스포츠 경기, 행사 등의 이벤트를 소재로 삼을 수 있습니다.

해마다 돌아오는 이벤트 자체를 소재로 삼을 수도 있지만, 관련된 다른 소재로 가지치기를 해 나갈 수도 있습니다. 이벤트가 있으면 일주일 전부터 많은 사람들의 관심이 쏠리고 검색도 많이 일어나기 때문에, 적어도 2~3주 전부터 이벤트와 관련한 콘텐츠를 준비하는 것을 추천해 드립니다. 나의 주제를 벗어나지 않는 선에서 월별 행사와 어우러지는 소재를 활용하면 채널의 폭발적인 성장도 기대할 수 있습니다.

제가 사용 중인 이벤트 달력입니다. 중요한 이벤트와 키워드, 그리고 달 마다 사람들이 관심을 갖는 관련 키워드까지 정리하였으니 참고해서 나만의 콘텐츠 소재 달력으로 활용해보세요.

	1월	2월	3월
주요 키워드	새해 다짐, 해돋이 다이어리	졸업, 초콜릿, 고백	시작, 꽃샘추위,
주요 이벤트	설 연휴	밸런타인데이, 졸업식, 정월대보름, 겨울방학	3·1절, 경칩 삼겹살 데이, 화이트데이 개학식
관련 키워드	캘린더, 플래너, 가계부, 복, 새해맞이, 가습기, 명절 선물, 방한용품, 연말정산, 소득공제	이월상품, 오곡밥, 견과류, 책가방, 노트북, 겨울 옷 보관, 사진 잘 찍는 법	봄 옷, 봄나들이, 미세먼지, 환기, 교복, 새 학기, 신학기

	4월	5월	6월
주요 키워드	벚꽃, 피크닉	가정의 달, 선물	국가 보훈의 달, 더위, 장마
주요 이벤트	만우절, 식목일, 벚꽃축제, 중간고사	어린이날, 어버이날, 스승의 날, 성년의 날, 부부의 날, 석가탄신일	현충일, 6.25 전쟁일
관련 키워드	데이트, 드라이브, 원피스, 하객룩, 집들이, 짜장면, 인테리어	선물, 장난감, 자유이용권, 꽃배달, 감사패, 용돈, 향수, 사랑, 건강, 스무살	혹서기, 에어컨, 원피스, 물놀이, 선풍기, 벌레방지, 쿨매트, 렌터카
	7월	8월	9월
주요 키워드	방학, 바캉스, 다이어트, 아르바이트, 해외여행		추분, 추석, 여행, 피크닉, 단풍놀이
주요 이벤트	초복, 중복, 제헌절, 여름방학	말복, 광복절, 휴가기간	추분, 추석, 여행, 피크닉, 단풍놀이
관련 키워드	제습기, 보양식, 몸보신, 건강기능식품, 방수, 수영복, 네일, 패디큐어	선크림, 워터파크, 잠옷, 폼롤러, 여행흔적, 태극기, 만세	한가위, 보름달, 명절인사, 장학금, 사이버강의, 맨투맨, 에어컨커버, 선풍기커버, 가습기, 러그
	10월	11월	12월
주요 키워드	여행, 캠핑, 축제	수능, 추위	크리스마스, 연말
주요 이벤트	개천절, 한글날, 핼러윈, 기말고사, 단풍놀이	입동, 수능, 빼빼로 데이, 블랙프라이 데이	동지, 크리스마스, 송년회, 겨울방학
관련 키워드	혼수, 가구, 트렌치코트, 대학교축제, 홈 파티, 암막 커튼, 바람막이	패딩, 코트, 수험생, 수험표, 찹쌀떡, 놀이공원, 김장, 절임 배추, 가래떡, 공기청정기	팥죽, 트리, 크리스마스장식, 데이트, 선물, 알 전구, 스키, 연말, 다이어리, 플래너, 히트텍, 핫팩, 고구마, 붕어빵

3) 메모장 활용하기

마지막으로 소개할 방법은 바로 '메모'입니다. 정말 강력히 추천하는 방법이고, 많은 선배 크리에이터분들이 선호하는 소재 발굴법이기도 합니다. 식상하게 보일 수도 있습니다. 하지만 그게 너무 당연하기에 메모가 회자하는 것이 아닌가 합니다. 영상 콘텐츠로 만들면 좋겠다 싶은 모든 것을 기록하는 공간이 있어야 합니다. 작은 수첩도 좋고, 스마트폰 메모장도 좋습니다. 손에 익은 도구를 사용하세요.

🖊 효율적인 메모를 위한 노트와 문구류. 왼쪽부터 유튜브 학습지, 아이패드, 메모 수첩, 다이어리, 아이디어 노트, 자료 노트 2권과 손에 익은 만년필, 볼펜, 형광펜. 사진에 나오지는 않았지만, 색이 연한 색연필, 다시 확인하고 싶은 메모를 표시하는 인덱스도 사용 중이다.

저의 경험을 공유하자면 원래는 사용하는 노트를 용도에 맞춰 들고 다녔지만, 유튜브랩을 시작하고 나서는 일정 관리를 주로 하는 다이어리에 메모를 몰아서 하고 있습니다. 다이어리는 늘 들고 다니기 때문에 놓치지 않고 메모를 할 수 있더라고요. 아이디어 노트에는 뭔가 대단한 것을 적어야 할 것 같은데, 다이어리는 그런 부담이 덜해서 좋았습니다. 그저 조금이라도 괜찮다 싶은 내용이 떠오르면 일단 적습니다. 그런데 가끔 다이어리를 바로바로 꺼내서 적기 어려울 때가 있기도 해서 작은 수첩을 주머니에 넣고 다니며 메모하기도 합니다.

적힌 내용을 바탕으로 아이디어를 개발이나 확장하기 위해 아이디어 노트에 옮겨 둡니다. 책이나 잡지 등에서 발췌한 자료를 정리하는 노트와, 인사이트를 정리하는 노트들도 활용합니다. 들어온 정보들이 결과물이 되기 위해서는 나만의 생각이 정리되어야 하므로 에 분류하고 옮기는 수고를 마다하지 않습니다. 이때는 손으로 쓰는 것이 좋습니다. 빠르게 적을 때는 볼펜을, 찬찬히 생각하면서 쓸 때는 만년필을 활용합니다. 중요 표시는 번지지 않는 형광펜이나 색이 옅은 색연필을 사용하는 것이 좋습니다.

디지털 메모는 주로 수업에서 질의응답 하거나 학생들의 발표를 받아 적어야 할 때 활용합니다. 많은 양을 빠르게 써야 할 때 유용하고 정리한 내용을 학생들에게 다시 전달할 때도 편리합니다. 아이패드를 두고 오면, 노션(notion)을 활용합니다. 컴퓨터, 스마트폰 등으로 어디서나 로그인할 수 있거든요. 유튜브랩에서 제작한 학습지나 교재에도 메모를 많이 합니다. 수강생들의 상황이나 도움이 될 만한 내용, 사례들을 수업 준비를 하며 작성합니다. 특히 학습지에는 주기적으로 초심자의 마음을 떠올리기 위해 개인적으로 또 따로 출력하여 활용 중입니다.

기록하는 것만큼이나 중요한 점은, 기록한 것을 "자주 봐야 한다."입니다. 기가 막힌 소재가 수첩 속에, 노트 속에 잠들어만 있으면 곤란하니까요. 기록하는 습관만큼이나 기록한 것을 꺼내어 보는 습관도 들이셔서 반짝이는 소재를 놓치지 않고 콘텐츠로 승화시키시기를 바랍니다.

 **CHAPTER 02**

콘텐츠 기획하기

시청자들이 좋아하는 콘텐츠의 매력은 어디서 나오는 것일까요? 바로 탄탄한 기획에서부터 비롯 됩니다. 촬영을 아무리 잘해도, 편집이 아무리 멋있어도 기획이 탄탄하지 못하면 시청자들은 그 콘텐츠를 선택하지 않아요. 시청자들이 보고 싶어 하는, 매력적인 콘텐츠를 기획하는 방법이 궁금하시다면 이번 챕터를 꼼꼼하게 살펴보세요.

▶ ▶❙ 🔊 16:15/17:56

끊임없이 콘텐츠를 만들 수 있는 프로그램 짜기

영상을 만들다 스스로 매너리즘에 빠지거나, 콘텐츠 고민을 아무리 해도 신선한 아이디어가 떠오르지 않을 때 새로운 채널을 만들고 싶습니다. 다시 시작하면 더 좋은 콘텐츠를 만들고 더 빨리 성장할 수 있을 것 같은 기대감이 생기니까요. 지금 내가 하는 주제보다 괜찮은 주제, 사람들이 더 좋아하는 주제로 영상을 새로 준비한다면 더 빠르게 조회 수나 구독자 수가 늘어날 것이라 여기기 때문입니다.

채널 성장을 위해 새로운 시도가 필요하다면 프로그램을 짜는 것부터 익힐 필요가 있습니다. ⁴⁴여기서 말하는 '프로그램'이란 유튜브 채널이 지닌 큰 주제 아래에 있는 '소주제', 즉 재생 목록화할 수 있는 범주입니다.

예를 들면 채널의 큰 주제가 "외국인 친구들에게 한국을 소개한다"라면, 프로그램은

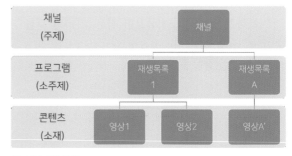

⊕ 프로그램 구성

"한국어 소개", "한국 음식 소개", "한국에서 가기 좋은 여행 장소" 등이 될 수 있습니다.

"한국어 소개"라는 프로그램의 콘텐츠를 구성할 때는 "한국어 첫걸음, 가나다라", 다음 영상은 "한국어로 인사하기" 그다음 영상은 "실생활 한국어 회화-대중교통편" 등으로 기획해 볼 수 있습니다. "한국 음식 소개"라는 프로그램을 생각했다면, 콘텐츠는 "김치찌개", "된장찌개", "삼겹살 쌈" 등으로 구성할 수 있습니다.

---

44 "유튜브 성공적 프로그램 짜기 이렇게 하면 쉬워요", <유튜브랩>, 2017.10.20, https://youtu.be/iQzlj_0ojOs

프로그램을 짤 때 주의해야 할 것은, '전체적인 주제를 해치지 않고, 내 캐릭터를 바꾸지 않는 안에서 연계하여 영상을 계속 만들어 낼 수 있는 소주제'여야 한다는 것입니다. 내 채널 안에서 사람들이 계속해서 연관성을 발견할 수 있어야 합니다.

만약 게임 채널을 운영하는데 오늘은 게임 방송, 내일은 먹방, 다음 날은 메이크업 튜토리얼을 올린다면 이는 시청자와 구독자 수 감소로 이어지게 됩니다. 성공적인 프로그램이라 보기 어렵습니다. 게임 채널을 구독하던 사람들은 게임을 보고 싶었는데, 먹방이 나오게 되면 원하는 콘텐츠가 아니기 때문에 영상 조회를 안 하는 것은 물론 오히려 구독을 끊을 수도 있으니까요.

⊛ 잘 된 프로그램 예시와 그렇지 못한 예

시청자분들의 선택은, 크리에이터들이 생각하는 것 이상으로 냉혹합니다. "이 채널 말고도 볼 채널은 많으니까." 하고 다른 콘텐츠를 시청하러 갈 수 있습니다. 아예 새로운 콘텐츠를 시도 하지 말라는 것은 아닙니다. 기존의 구독자들이 내 채널을 구독했던 이유, 어떤 취향을 지닌 사람들이 내 영상 중 어떤 영상을 좋아했는지, 취향에 대해 존중하면서 프로그램을 짜는 것이 중요합니다.

간혹 이런 질문을 받기도 합니다. "유명한 크리에이터들은 이것저것 다 하고 있는데 왜 나는 하면 안된다고 하는 건가요?" 라고요. 저도 이 부분에 대해서 참 고민을 많이 했는데요. 결론은 유명한 크리에이터들은 채널의 주제, 영상의 소재를 벗어나 그 크리에이터 자체를 좋아하고 재미있어하시는 것임을 발견했습니다. 그 크리에이터 자체가 좋으니, 그 크리에이터분이 어떤 콘텐츠를 만들어도 흥미롭게 볼 수 있는 것입니다.

보통 콘텐츠를 벗어나 크리에이터 자체로 사랑을 받기 위해서는 굉장히 오랜 시간이 필요합니다. 영상을 통해 자주 보고 자주 소통하면서 크리에이터에 대한 시청자의 애정이 자라는 것이기 때문이에요. 한때, 글을 쓰는 직업을 가지고 싶어서 웹소설 수업을 듣고 짧게 문하생처럼 공부한 적이 있습니다. 감사하게도 여러 작가 선생님께 가르침을 받았는데 그때 가장 기억에 남는 말씀이 있어요. "우리는 주인공이 멋져서, 아름다워서 좋아하는 것이 아니라 '많이 알기 때문에' 사랑한다." 우리가 크리에이터를 사랑하는 이유도 콘텐츠를 통해 그 사람을 '많이 알기' 때문이 아닌가 합니다. 많이 알기 위해서는 함께 하는 시간이 어느 정도 필요한 법이지요.

내 주제에서 벗어나지 않게 프로그램을 짜는 것을 강조하는 것은 정말 고민하고 콘텐츠를 만들어야 한다는 것을 의미합니다. 사실 유튜브에 정답은 존재하지 않습니다. 하지만 주제를 벗어나지 않는 프로그램 기획과 콘텐츠 기획이 여러분들의 시행착오를 줄여줄 것이라 생각합니다. 그러니 나의 프로그램에 대해 한 번 적어보고, 원래 주제를 벗어나지 않으면서 사람들의 흥미를 끌며 나도 행복한 프로그램과 콘텐츠는 무엇인가 고민해 보세요.

촬영보다 중요하다는 기획, 기획에서 조심할 점

기획을 얼마나 촘촘하게 하느냐에 따라 콘텐츠의 질이 달라진다는 것은 당연한 일입니다. 디테일한 기획의 중요성을 강조한 나머지, 영상 '하나'에 대한 기획을 매우 깊게 하는 경우도 종종 보게 됩니다. 끝없는 고민과 연구는 좋은 콘텐츠가 나오는 밑거름이지만, 너무 오랫동안 기획을 하게 되면 촬영과 편집의 과정이 계속 밀리게 되어 업로드가 늦춰질 수 있습니다.

유튜브 영상 콘텐츠를 기획할 때는 우리가 기존에 보아 온 텔레비전 정규 방송의 기획과는 다르다는 점을 유념하시면 좋겠습니다. 원하는 때에 영상을 볼 수 있어서 유튜브를 보기도 하고, 얻고 싶은 정보만을 시청할 수 있다는 점에서도 매력적입니다. 콘텐츠를 보는 이유는 저마다 다르지만, 영화나 방송과 가장 큰 차별성은 '친근함'이라 생각합니다.

유튜브 영상 콘텐츠에서는 '만들어진 존재'가 영상을 이끌어 가는 것이 아니라 '있는 그대로 ' 자연스럽게 보이는 편이 시청자의 사랑을 받습니다. 방송에서는 대사가 한 줄 한 줄 모두 만들어진 상태로 촬영이 시작됩니다. 그리고 그 대본을 만들기 위해 작가님들을 포함한 여러 구성원이 수고하십니다.

하지만 유튜브 콘텐츠 기획에서는 대본을 완벽하게 준비해 "1초 뒤에 이 멘트를 할 거야.", "그리고 3초 뒤에는 이렇게 할 거야." 하지 않으셔도 괜찮습니다. 완벽한 콘텐츠를 좋아하는 시청자분들도 계시지만, 그 완벽함에서 벗어나고 싶어서 대중매체가 아닌 유튜브를 보시는 분들이 더 많기 때문입니다. 말이 청산유수로 나오지 않으면 편집의 도움을 받을 수도 있습니다. 그러니 맘을 편하게 가지셔도 됩니다.

대사를 완벽하게 써야 마음이 놓이시는 분이시라면 대본을 쓰셔도 좋습니다. 단, 대본을 외우기보다는 전반적인 내용만을 기억하여 촬영에 임하시기를 추천합니다. 유튜브 채널을 운영할 때 콘텐츠의 질과 업로드의 주기가 서로 발을 맞춰야만 합니다. 업로드 주기가 들쭉날쭉해지는 요인 중 하나가 질을 중시한 나머지 기획과 촬영, 편집에 완벽을 요구하는 경우입니다.

콘텐츠의 퀄리티와 개수의 균형을 맞추는 게 좋습니다. 하지만 둘 중의 하나만을 선택하고 싶다면 그에 따른 득과 실도 감수해야 합니다. 콘텐츠의 완벽히 하기 위해 업로드 주기를 좀 더 길게 가는 것과, 크리에이터의 입장에서 퀄리티를 중상으로 맞추고 업로드 주기를 짧게 가는 것 모두 시청 시간과 구독자 증가율에 영향을 줍니다. 어느 편이 좋을 결정하는 것은 크리에이터의 몫입니다만, 크리에이터의 기준에서 퀄리티를 중간 이상으로 맞추고 업로드를 자주 하는 편을 권하고 싶습니다.

기획을 완벽하게 하려고 많은 시간 동안 고민하는 것이 기획에서 주의해야 할 가장 첫 번째 사안이었습니다. 두 번째는 콘텐츠의 주제, 프로그램의 소주제, 소재와 타깃층에 대한 이해를 버려두고 가는 기획입니다.[45]

채널의 구독자 수, 조회 수, 콘텐츠와 크리에이터가 함께 성장하려면 탄탄한 반석 위에 집을 짓듯이 기본기가 잘 깔려 있어야 합니다. 그 기본기를 무시하고 재미있어 보이거나 사람들이 좋아할 것 같은 기획에만 눈을 돌리게 되면, 전체적인 콘텐츠의 결이 무너지게 됩니다.

콘텐츠의 결을 유지하기 위해서 다음 장에서 만나게 될 콘텐츠 기획안을 작성해 보세요. 콘텐츠를 기획할 때는 눈에 잘 띄는 곳에 채널 기획안을 두고 자주 확인하세요. 채널 기획안을 보면서 콘텐츠의 기획안을 짜면 콘텐츠의 방향을 벗어나지 않고, 타깃층을 벗어나는 일 또한 줄어듭니다. 게다가 기획안 작성을 하면서 또 다른 콘텐츠 아이디어가 나오기도 한답니다.

기획에서 조심할 점에 대해 두 가지 살펴보았는데요. 완벽해지려고 기획만 반복하는 일과 생각나는 대로 주먹구구로 기획하지 않는 것. 이 두 가지를 피하는 것은 결국 균형을 잡는 것을 뜻합니다. 정리하자면, 기획에 들이는 시간과 노력, 관심의 균형을 잘 맞추는 것이 멋진 콘텐츠를 만들어 내는 비결입니다.

제작시간을 확실하게 줄이는 동영상 콘텐츠 기획안 작성

실제 유튜브랩이 사용하는 콘텐츠 기획 구성안 중 하나입니다. 유튜브랩이 결성된 2016년, 유튜브 공부를 하고 싶은데 당시에는 자료가 없어서 방송과 영화, 드라마 기획안을 많이 참고했습니다. 그런데 유튜브용 콘텐츠를 제작하는 데는 너무나 많은 정보를 작성해야 했어요. 적어도 30개 이상의 기획안을 사용해 본 것 같습니다. 그러다가 각 기획안의 좋은 점만을 가지고 오고 유튜브 콘텐츠를 제작하는데 도움이 되는 핵심 내용만 한 장으로 정리하고 발전시킨 것이 지금의 기획안입니다.

이 기획안 작성 수업만 따로 하기도 하는데 다들 기획안 양식을 묶어 노트로 팔아달라는 요청이 쇄

45 "유튜브 콘텐츠 기획 이것만 피해라", <유튜브랩 2.0>, 2018.03.02 https://youtu.be/fiSQJhlHGiQ

도한답니다. 특히 MCN이나, 영상 관련 취업, 창업을 하신 분들이 많이들 원하세요. 그 정도로 효과적이니 이 기획안을 꼭 활용해 보시길 바랍니다.

예시를 보여드릴 테니 참고하여 칸을 채워 나가 보세요. 기획안 작성 연습은 하면 할수록 기획이 쉬워지게 만듭니다. 그리고 기획안을 가지고 계시면 내가 어떤 기획을 해왔는지 점점 나아지는 모습을 알 수 있게 해준답니다. 기획안을 정성 들여 쓰고 잘 간직하기만 해도 기획력이 올라가는 소리가 들릴 거예요.

물론 계속 언급하듯, 창작에 정답은 없습니다. 꼭 이 기획안을 사용하지 않아도 괜찮습니다. 자신만의 기획 방식을 만들어 나가는 것 역시 크리에이터의 창작 과정 중 하나이니, 자신의 채널과 콘텐츠에 알맞은 기획안을 만들어 보세요!

동영상 콘텐츠 기획안 예시				
이름	오늘의 채널/커피캣(강민형) ⇨ 나 혼자 채널을 운영해도 이름을 적으면 좀 더 책임감이 생기는 느낌이에요! 채널을 여러 개 운영하시거나 팀으로 운영할 때는 기획안을 낸 사람을 분명히 하는 것이 좋습니다.		**기획 날짜**	20XX년 XX월 XX일 ⇨ 유튜브 기획은 당시의 시대 상황이나 유행 코드에 따르기 마련입니다. 날짜를 적어 두어 시의성을 확인하는 데 활용하세요.
기획 의도 (Why)	채널의 시작을 알리는 콘텐츠. (첫날 조회수 100회 목표) 편하게 웃으면서 볼 수 있는 영상이 끝난 후, 무엇인가 배워가는, 깨달은 느낌이 있었으면 하는 시청자들의 욕구 만족. ⇨ 채널 운영 이유/목표에서 벗어나지 않게 가는 것이 중요합니다. 차이가 있다면 채널 운영 이유/목표는 '큰 목표, 종착역'입니다. 콘텐츠의 기획 의도는 종착점을 가기 위한 중간 지점이고요. 콘텐츠 한 편 한 편마다 기획 의도가 분명할수록 채널 성장이 빠르게 이뤄집니다.			
주 시청자	**시청자의 연령**	**시청자의 관심사**		**시청자의 특징**
	35세~40세 ⇨ 채널 기획에서 정한 타깃층을 다시 한번 정리하여 상기합니다. 타깃층의 공감, 유머 포인트를 놓치지 않을 수 있습니다.	자기 계발 ⇨ 채널 기획에서 정한 타깃층의 여러 가지 관심 분야 중에서 하나를 고릅니다. 모든 관심사를 다 아우르는 영상 한 편을 제작하는 건 너무 어려우니까요.		다른 연령층에 비해 유튜브 시청 시간이 적다. (따라서 이번에 소개하는 채널은 대중적인 콘텐츠를 다루는 채널. 조회 수 목표는 낮게 잡음.) ⇨ 채널 기획에서 정한 타깃층의 여러 특징 중 하나를 고릅니다. 이 칸을 채우기가 쉽지 않으시다면 타깃에 해당하는 분과 인터뷰해도 좋아요.
콘텐츠 소재/ 장르	• **소재**: 이응디귿디귿 @studioudada_dee 채널 • **장르**: 정보 & 리뷰(영화, 드라마 리뷰와 비슷) ⇨ 채널 기획에서 정한 타깃층을 다시 한번 정리하여 상기합니다.			
콘텐츠 제목	• **썸네일용**: 돈도 안 내고 이런 걸 들어도 되는 걸까? • **제목란용**: 유튜브에서 유튜브 채널을 리뷰하는 유튜브 채널을 운영하는 이유 • **썸네일 예비용**: 이 채널은 곧 떡상(크게 적고) 하고 싶습니다.(작게 쓰기) • **제목란 예비용**: 유튜브 보는 시간을 아깝지 않게 만들어 드립니다. ⇨ 콘텐츠 제목은 가급적 여러 개 적어보세요. 보통 저는 썸네일용, 제목란용, 예비용 1~2개를 준비합니다. 제목을 작성하기가 까다롭다면, 기획안을 다 쓰고 적는 것도 좋은 방법입니다.			

나만의 콘셉트 및 차별점	• **콘텐츠 콘셉트**: 기본 배경은 사무실 책상, 독서대(출간한 책 거치), 촬영 소품 • 음악은 인트로 10초 정도 "Big 10", 배경음악은 밝은 음악 "Jane Street", "Strollin'", "Fine Dining" 3곡 중에 고민 중. 잔잔하게 들릴 듯 말 듯 활용. • 저작권에 걸리지 않기 위해서 채널의 홈 화면 정도만 활용하고, 채널의 콘텐츠를 보여줘야 할 때는 태블릿에 직접 그려가면서 설명, 더 보기란에 해당 채널과 추천하는 영상 링크를 첨부하여 이해를 돕도록 하는 방식을 활용 ⇨ 콘셉트와 차별점은 아주 독특하지 않아도 괜찮습니다. 내 콘텐츠가 풍기는 분위기를 정하는 단계로 이해해 주세요. 화면에 담기는 배경, 소품, 음악, 구성 등에 대해 적어보세요. 채널을 운영하는 초기에는 나만의 콘셉트 및 차별점에 조금씩 변화를 주면서 다양하게 시도해 보고 가장 잘 맞는 것을 찾아가는 과정으로 생각하는 것이 좋습니다. • **크리에이터 콘셉트**: 공공기관, 기업, 대학교에서 강의, 강연, 컨설팅을 진행하는 유튜브 전문가이자 기획자, 작가, 교수 활동을 하는 전문가의 입장과 유튜브를 즐기는 시청자로서 입장을 동시에 전달. • 가벼운 메이크업, 카라가 있는 티셔츠나 셔츠 등 단정한 옷차림. • 자신감 있는 표정과 시선, 반듯한 자세 유지하기 위해 노력. • 중간중간 재치 있는 표현과 부산 사투리 활용하여 친근함 전달. (일부러 하려고 의식하지 않고 편안하게 찍다 보니 나오는 형태) ⇨ 콘텐츠가 풍기는 분위기를 콘텐츠 콘셉트로 본다면, 크리에이터 콘셉트는 등장하는 인물의 분위기, 캐릭터를 드러내는 부분입니다. 여러 명이 나올 때는 콘셉트가 서로 겹치지 않는 편이 좋으나, 자연스러운 것이 제일입니다. 억지로 캐릭터에 크리에이터를 맞추지 않아도 됩니다. 크리에이터가 직접 등장하지 않는다면 목소리, 말투, 자주 쓰는 표현 등을 섬세하게 정리해 보세요.			
완성본 예상 러닝타임	8분~10분 ⇨ 제작하는 영상의 길이를 먼저 생각해 두면 기획의 내용을 정하기 편리하고 촬영 시간을 예측하기 쉽습니다.	**촬영 일시**	XX월 X1일 오후 7시~10시 ⇨ 촬영을 위해 장비를 세팅하고 정리하는 시간까지 포함합니다. 첫 촬영이라면 넉넉하게 시간을 확보하세요.	
편집 기한	XX월 X7일 오후 6시까지 ⇨ 마감을 정해두지 않으면 '조금만 더 하면 지금보다 좋아질 거야.' 하면서 끝이 나지 않습니다. 반드시 마감 일시를 정해두세요. 편집이 익숙하지 않다면 넉넉하게 시간을 확보하세요.	**업로드 일시**	XX월 X9일 오전 11시 ⇨ 편집 후 바로 업로드 하기보다는 하루 정도 여유를 두고 업로드 전에 한 번 더 영상을 체크해 보세요. 보이지 않던 오타, 편집 실수가 보이고 수정할 시간을 확보할 수 있습니다.	
담고자 하는 내용 보여주고 싶은 내용	• **주제**: '유튜브 보는 시간이 아깝지 않은' 예능 맛 교양 콘텐츠를 찾는 시청자를 위한 '이응디귿디귿' 채널 추천 ⇨ 주제를 꼭 적지 않아도 괜찮습니다. 제목을 한 번 더 적어도 좋습니다. 어디에 초점을 맞출 것인가 한 줄로 써두면 내용을 작성하는데 편리합니다. 1. **시작**: 10초~15초 (화면) 하이라이트 (3의 영상 화면을 음악에 맞춰 교차편집) ⇨ 유튜브에서 시작은 매우 중요합니다. 영상을 끝까지 볼 것인가 아닌가를 결정하는 단계입니다. 예전에는 영상 도입부 30초까지를 '인트로'라 하여, 이 안에 영상의 하이라이트, 인사 등이 들어갔지만 요즘은 그 시간을 더욱 짧게 진행하거나 아예 없이 바로 본론으로 들어가기도 합니다. 장르, 영상의 목표에 따라 시작 부분을 다양하게 구성하고 연출해보세요. 2. **들어가는 말/배경지식**: 15초~20초 (화면) 책상에 앉아, 바스트샷[46], 정면			

---

46 Bust Shot. 인물의 가슴 윗부분까지 나오는 크기로 촬영한 화면

(음성/자막) "안녕하세요? 유튜브 큐레이션 '오늘의 채널'의 커피캣입니다."

(약간 큰 자막+효과음) 유튜브 전문 채널 유튜브랩 운영, 유튜버 학과 교수, 대한민국 유튜브 컨트리뷰터,

(작은 자막 빠르게 지나감) 1인미디어 자격증 출제위원, 공공기관, 기업, 대학 강의 및 컨설팅 이력

(음성/자막) "저는 유튜브를 보는 게 직업인데요. 그런 저도 가끔은 유튜브를 보고 나서 죄책감을 느낍니다. 너무 내가 좋아하는 영상만 보고 있었던 건 아닌가 하고요. 그렇다고 흥미가 없는 분야의 영상을 보는 것은 쉽지 않은데요. 재미도 있으면서 시간도 알차게 보낼 수 있는 영상 채널을 찾았습니다. 함께 보시죠."

⇨ 채널과 크리에이터 소개, 본 내용을 이해하는 데 도움이 되는 배경지식 등을 전달하거나, 다음 내용에 기대감을 불러일으키는 내용 혹은 질문을 던질 수 있습니다. 이 부분은 생략해도 좋지만, 인사만큼은 반드시 잊지 말아 주세요. 채널과 크리에이터를 각인시킬 좋은 기회입니다.

3. 주 내용: 7분~9분

⇨ 가장 중요한 부분입니다. 유튜브에 기승전결이 없다고 느끼는 요인이 바로 주 내용이 영상의 대부분을 차지하고 있기 때문입니다. 가장 꼼꼼하게 정해야 하는 파트입니다. 이 부분을 대충 정리하고 촬영에 들어가면 토크, 인터뷰, 강의 등의 콘텐츠들은 횡설수설하기 쉽습니다. 사전에 연출을 하기 어려운 반려동물, 키즈, 리액션, 깜짝 카메라 등의 장르는 대략적인 내용만 적어 두셔도 좋습니다. 혹은 촬영이 끝난 다음에 기획안을 쓰면서 정리하는 방법도 있습니다만 그 외에는 이 부분을 꼭 적어보세요.

(화면1) 책상에 앉아 웨이스트 샷[47], 정면

(음성/자막) "유튜브 시청 시간이 적은 연령대가 바로 3040인데요. 우리는 왜 유튜브를 적게 볼까요? 우리 연령대를 위한 콘텐츠가 적기도 하고, 상대적으로 다른 연령대들에 비해 다양한 곳에 시간을 쏟고 있기 때문일 수도 있겠습니다. 오늘 소개 드릴 채널, 재미도 있으면서 영상을 다 보고 나면 무언가 새로운 것을 배웠다는 느낌이 드는, 시간을 알차게 보낼 수 있는 그런 채널입니다. 바로 이응디귿디귿입니다."

⇨ 대략적으로 어떻게 찍을 것인가 화면을 써두면 촬영 때 카메라 장비 세팅 시간이 줄어듭니다. 화면에 대한 자세한 내용은 PART 3에서 다룰 거예요. 지금은 나만 알아볼 수 있도록 적어두어도 좋습니다.

"자막"이나 꼭 들어가야 하는 "대사"를 적어둡니다. 제가 쓰는 실제 기획안에서는 '3040 시청 시간 적음, 채널 소개 이유: 유익+재미' 정도로 간단하게 적습니다. 대사를 다 쓰는 경우는 광고 의뢰를 받았거나, 처음으로 함께 작업하는 팀일 때 서로의 이해를 돕기 위함입니다.

(화면2) 채널 이응디귿디귿의 홈 화면을 스크롤 10초~15초

(음성/자막) "채널 이응디귿디귿은 tvN에서 운영하는 채널입니다. '알쓸인잡', '넌 감독이었어', '화사쇼' 프로그램이 주를 이루고 있습니다. 최근에는 두 개의 프로그램이 집중적으로 업로드 되고 있습니다."

⇨ 이렇게 화면을 정해두면 내가 필요한 장비가 무엇인지 알기 좋습니다. 어떤 기술을 공부해야 하는지도 알 수 있죠.

(화면3) 웨이스트 샷, 측면

(음성/자막) "알쓸인잡은 문학, 법의학, 물리학, 천문학 박사분들과 영화감독, 세계적인 가수의 시선으로 인간에 대해 탐구하는 프로그램입니다. 알쓸신잡, 알쓸범잡 시리즈를 좋아하셨던 분들이라면 이 콘텐츠들도 마음에 드실 거예요."

(화면4) 책상 위, 버즈아이뷰샷[48] 알쓸인잡/화사쇼/tvN/샾잉/디글 로고 프린트를 스케치북 위에 배열하며 멘트와 자막 진행

---

47 Waist Shot=Medium Shot. 인물의 허리까지 나오는 크기로 촬영한 화면
48 Bird's Eye View Shot. 새의 눈으로 바라본 것 같이 높은 곳에서 아래를 내려다보는 각도로 촬영하는 화면. 우리나라에서는 '항공샷'으로도 많이 불린다. 비행기에서 내려다보며 찍은 것 같다는 의미.

왼쪽 여백: 담고자 하는 내용 보여주고 싶은 내용

담고자 하는 내용 보여주고 싶은 내용	(음성) "알쓸인잡이나 이전에 업로드했던 화사쇼는 tvN 채널이나, 샾잉, 디글 등의 채널에서도 볼 수 있는데요. 이 채널을 추천하는 이유는 '넌 감독이었어'는 이 채널에서만 볼 수 있어요. 알쓸인잡이 재밌었다면 영화를 중심으로 한 장항준 감독님의 입담과 출연진들의 솔직한 예술관을 듣는 것도 즐거우실 겁니다." ⇨ 여기까지 사용할 화면과 진행 방식이 정해졌습니다. 다음부터는 간략한 버전으로 설명해 드릴게요. (화면1) 이응디귿디귿 채널과 tvN 채널이나, 샾잉, 디글의 차이 1. 콘텐츠 양 (화면3) 이응디귿디귿 채널과 tvN 채널이나, 샾잉, 디글의 차이 2. 업로드 주기 (화면4) 이응디귿디귿 채널 시청의 이점 1. 부담이 적음, 오디오북 활용 가능 (화면4) 이응디귿디귿 채널 시청의 이점 2. 예능이지만 교양을 본 것 같은 느낌 (화면3) 추천하는 콘텐츠 3개 1. 『총,균,쇠』 8분 요약본 2. 3화 미방분 3. 호기심 지옥 (화면4) 글로 쓰며 콘텐츠 3개에 대한 짧은 설명 ⇨ 화면과 자막, 음성 등을 모두 적지 않고, 주요 키워드를 중심으로 간략하게 정리한 사례입니다. 이렇게 해도 전체적으로 어떻게 영상이 진행될지 그림이 그려진다면 괜찮습니다. 저는 독자분들께 설명을 위해 두 가지 방식을 다 보여드렸는데요. 편하신 방식을 채택하시면 됩니다. 처음 촬영에 임하신다면 화면과 자막, 음성을 모두 적어보시는 것도 도움이 됩니다. 앞서 말씀 드렸듯이 내용을 외우기보다는 전체 내용을 정리한다는 느낌으로 작성하시는 것이 좋습니다. 외워서 하게 되면 아무래도 부자연스럽고, 틀릴까 봐 떨리기도 하거든요. **4. 마무리: 30초** (화면1) (음성) 채널 설명에 대한 개인적인 견해 밝히고, 보고 싶다는 마음이 드셨다면 구독하시고 더 좋은 채널 알아가세요. (자막) 구독과 알림 설정 (콜 투 액션, Call To Action) "추천하고 싶은 채널이 있다면 댓글로 남겨주세요." ⇨ 호기심, 기대감을 갖게 해 댓글이나 다음 영상 시청, 구독 등의 시청자의 행동을 유도하는 것을 '콜 투 액션'이라고 합니다. 콜 투 액션은 가급적 음성과 자막을 모두 활용하시는 것이 좋습니다. 참고로 유튜브에서 시스템적으로 제공하는 콜 투 액션은 최종화면의 구독 및 다음 영상 버튼이 대표적입니다.
참고할 콘텐츠 (유튜브 외 영화, 책 등)	(영상 콘텐츠) • [SUB] [사전 모임 티저] NEW 알쓸즈 수다 장전 완료! 두근두근 첫 만남 미리보기♥ #알쓸인잡 EP.1 https://www.youtube.com/watch?v=kcZXQ3ld-Vk • 김상욱 교수 ǀ 지구 온난화의 주범은 '인간'일까 '태양'일까? 과학적 팩트로 알아보는 기후 위기의 핵심 [환경읽어드립니다] https://www.youtube.com/watch?v=qLXJIHoSz8w ⇨ 소재, 화면의 구도, 편집, 콘텐츠 콘셉트, 크리에이터 콘셉트 등 참고할만한 영상 콘텐츠 주소를 적어둡니다. 유튜브 채널이나 콘텐츠가 없다면 영화, 드라마, 뉴스, 다큐멘터리, 예능 방송 프로그램 등 영상 콘텐츠를 적는 것도 좋습니다. (책) • 김○○, 『○○○ ○○○ ○○ ○○』, ○○출판사(2023) • 정○○, 『○○ ○○○○ ○ ○○ ○○ ○○』, ○○○○○○(2022) • 김○○, 『○○○○』, ○○○○(2022) • 심○○, 『○○○○○ ○○ ○○ ○○○』, ○○○○(2021) ⇨ 등장인물이나 크리에이터가 쓴 책이나 관련 서적, 출연한 방송도 좋은 참고 자료가 됩니다. 뉴스 기사, 잡지, 미술 작품, 박물관이나 미술관의 전시 등도 좋은 참고 자료가 됩니다.

영상 촬영 시 필요한 것들	장소	XX 스튜디오 ⇨ 촬영할 장소를 적습니다. 여행이나 브이로그는 장소를 여러 군데 섭외해야 할 수도 있겠습니다. 이때는 촬영이 가능한지 체크도 필수입니다.
	장비	• 화면1, 3, 4) 소니 카메라 ZV1, 충전기, SD카드, 보조배터리, 카메라 삼각대, 마이크, 조명 2대 • 화면 2) 노트북, OBS 프로그램 ⇨ 스마트폰도 좋은 카메라입니다. 웹캠도 좋습니다. 자기 손에 익은 카메라가 가장 훌륭한 장비입니다. 모든 장비가 없어도 괜찮습니다. 콘텐츠를 제작하면서 하나씩 늘려가는 것도 채널 운영의 재미랍니다.

영상 촬영 시 필요한 것들	소품	• 화면1, 3) 테이블, 의자. 독서대. 책 『유튜브 & 쇼츠 콘텐츠 크리에이터(가제)』, 낮은 스탠드 • 화면 4) 스케치북, 1.0 이상의 볼펜 혹은 매직, '알쓸인잡, 화사쇼. tvN, 샾잉, 디글' 로고 프린트 • 의상) 하늘색 셔츠, 슬랙스(바지 색상은 크게 중요하지 않음) ⇨ 화면을 꼼꼼하게 구성해 두면 소품을 챙기기가 쉽습니다. 소품은 무조건 필요한 것은 아닙니다. 유튜브랩은 흰 가운과 배경만 준비하는 편이었다가 차츰 늘려 보기도 하고 반대로 줄이기도 했답니다. 내 콘텐츠에는 어떤 소품이 필요한지 체크하고, 배치하는 것도 영상을 제작하는 즐거움이 될 수 있어요.
	제작 비용	• 스튜디오 대여비 XX,XXX원, • 소품 구입비 XX,XXX원, 인건비 XX,XXX원 ⇨ 콘텐츠를 제작하는 데 사용되는 비용은 다 적어두는 것이 좋습니다. 촬영이나 편집을 담당하는 인력이 있다면 인건비를 책정하는 것도 잊지 마세요. 혼자 다 한다면 나의 인건비를 정해두는 것이 좋습니다. 이 제작 비용을 기록해 두었다가 다음에 광고나 영상 제작 의뢰비를 책정할 때 참고할 수 있습니다.

동영상 콘텐츠 기획안			
이름		기획 날짜	
기획 의도 (Why)			
주 시청자	시청자의 연령	시청자의 관심사	시청자의 특징
콘텐츠 소재/ 장르			
콘텐츠 제목			
나만의 콘셉트 및 차별점			
완성본 예상 러닝타임		촬영 일시	
편집 기한		업로드 일시	
담고자 하는 내용 보여주고 싶은 내용			

참고할 콘텐츠 (유튜브 외 영화, 책 등)		
영상 촬영 시 필요한 것들	장소	
	장비	
	소품	
	제작 비용	

핵심만 담아내는 쇼츠 콘텐츠 기획안 작성

실제 유튜브랩이 사용하는 쇼츠 콘텐츠 기획 구성안 중 하나입니다. 동영상 콘텐츠 기획안을 써보셨다면 훨씬 쉽게 작성하실 수 있을 거예요. 동영상 콘텐츠 기획안에 비해 간단하게 작성할 수 있답니다. 제작을 쉽고 빠르게 하는 콘텐츠인데 기획안에 시간을 많이 쏟지 않도록 한 방식이랍니다.

동영상 콘텐츠 기획안			
이름	오늘의 채널/커피캣(강민형)	**기획 날짜**	20XX년 XX월 X1일
기획 의도 (Why)	☑ 영상 확보　☐ 채널 콘텐츠 홍보　☐ 채널 노출　☐ 조회 수 증가 ☐ 그 외 (　　　　　　　　　　　　　　　) ⇨ 동영상 콘텐츠 때처럼 작성해도 좋고, 간단하게 체크하셔도 좋습니다.		
주 시청자	**시청자의 연령** 35세~40세	**시청자의 관심사** 자기 계발	**시청자의 특징** 다른 연령층에 비해 유튜브 시청 시간이 적다
업로드	**촬영/편집 일시** XX월 X1일 ~ XX월 X2일 ⇨ 쇼츠 콘텐츠는 하루 안에 촬영, 편집, 업로드가 다 이뤄지기도 해요.	**업로드 일시** ~ XX월 X3일 ⇨ 초반에는 여유롭게 시간을 확보하는 편을 추천합니다.	**업로드 플랫폼** ☑ 쇼츠　☐ 틱톡　☐ 릴스 ☐ 그 외 (　　　) ⇨ 쇼츠 콘텐츠를 다른 플랫폼에 올리는 것도 괜찮아요. 단, 다른 곳에 올렸던 영상을 다운받아 워터마크가 생긴 영상을 타 플랫폼에 올리는 것은 권하지 않습니다.
콘텐츠 장르	기 콘텐츠 활용 ☑ 예고　☐ 하이라이트　☐ 그 외 (　　　　　　) 쇼츠 콘텐츠　☐ 소개　☐ 언박싱　☐ 리뷰　☑ 정보　☐ 챌린지　☐ 그 외 (　　)		
콘텐츠 제목	유튜브에 볼 게 없는 것이 아니라, XX이/가 없는 것입니다. ⇨ 동영상 콘텐츠의 기획을 알고 있는 우리에겐 XX는 '시간'일 수도, '콘텐츠'일 수도 있습니다. 그런데 제 동영상을 모르는 분들에게 XX는 '여유', '흥미', '재미' 등도 답이 될 수 있어요. 댓글로 XX를 맞추려는 분들이 생기면 참여도를 높일 수 있습니다.		

담고자 하는 내용 보여주고 싶은 내용	1. (화면1) **책상에 앉아 웨이스트 샷, 정면** (음성/자막) "유튜브 시청 시간이 적은 연령대가 바로 3040인데요. 우리는 왜 유튜브를 적게 볼까요?" 2. (화면1) **책상에 앉아 웨이스트 샷, 정면 ⇨ 확대** (음성/자막) "다양한 곳에 시간을 쏟고 있기 때문 일수도" 3. (화면1) **책상에 앉아 웨이스트 샷, 정면 ⇨ 더 확대** (음성/자막) "우리 연령대를 위한 콘텐츠가 적기도 하고" 4. (화면3) **책상에 앉아, 바스트샷, 정면** (음성/자막) "재미도 있으면서 시간도 알차게 보낼 수 있는 영상 채널을 찾았습니다." 5. (화면1) **책상에 앉아 웨이스트 샷, 정면** (음성/자막) "바로 '이응디귿디귿'입니다." ⇨ '이응디귿디귿' 음성 나올 때 삐~효과음, 자막은 모자이크 6. (검정 화면에 자막) 제목에 XX는 무엇을 뜻할까요? 댓글로 달아주세요!
참고 콘텐츠 / 촬영 준비물	참고 콘텐츠) 채널 '뜬뜬' [특집 예고캠] 김치찌개 대결 https://youtube.com/shorts/rXt2QXqdaYY?si=eQby9ldFdaECn3Bi 준비물) 촬영을 따로 진행하지 않기에 장소, 장비, 소품은 필요하지 않음. 편집 프로그램 활용만 하면 될 것으로 보임 ⇨ 쇼츠 촬영은 거의 스마트폰으로 하는 편입니다. 혹은 마이크 정도가 더 필요하고요. 기존 콘텐츠를 편집하는 경우에는 따로 준비물이 필요가 없습니다.

동영상 콘텐츠 기획안			
이름		기획 날짜	
기획 의도 (Why)	☐ 영상 확보 ☐ 채널 콘텐츠 홍보 ☐ 채널 노출 ☐ 조회 수 증가 ☐ 그 외 ( )		
주 시청자	시청자의 연령	시청자의 관심사	시청자의 특징
업로드	촬영/편집 일시	업로드 일시	업로드 플랫폼
			☐ 쇼츠 ☐ 틱톡 ☐ 릴스 ☐ 그 외 ( )
콘텐츠 장르	기 콘텐츠 활용 ☐ 예고 ☐ 하이라이트 ☐ 그 외 ( ) 쇼츠 콘텐츠 ☐ 소개 ☐ 언박싱 ☐ 리뷰 ☐ 정보 ☐ 챌린지 ☐ 그 외 ( )		
콘텐츠 제목			
담고자 하는 내용 보여주고 싶은 내용			
참고 콘텐츠 / 촬영 준비물			

**계속해서 콘텐츠를 만들어 내는 방법

꾸준히 영상을 업로드하는 것이 성공 요인인데 어느 정도 영상을 올리면 만나게 되는 고비가 있으니, 그것은 바로 '더 이상 만들 영상이 없는' 상황입니다. 전업 유튜브 크리에이터분들도 가장 많이 하는 고민이 "다음에 어떤 영상을 만들지?"하는 것이고요. 아마도 창작자라면 누구나 겪는 난관이 아닌가 합니다.

지속적인 콘텐츠를 제작하기 위해 사용할 수 있는 최고의 방법은 소재 찾기에서 언급했던 '메모'입니다. 메모를 토대로 영상을 만들 수도 있고, 영상을 만드는 데 도움이 되는 영감을 얻을 수도 있습니다. 메모하는 습관을 들이는 것이 중요합니다. 가끔 쓰는 게 아니라 매일 작은 아이디어라도 쓰는 습관이 필요합니다. 책 『나는 매일 감동을 만나고 싶다』에서 히사이시 조는 "일은 점이 아니라 선"이라고 했습니다. 끊임없이 창조적인 활동을 하느냐 아니냐가 중요하다고요. 창조적인 활동은 갑자기 떠오른 영감으로 하는 것이 아니라, 계속해서 그 부분에 대해 생각하고 메모하고 고민하면서 이뤄집니다.

메모 외에도 콘텐츠를 계속 제작하기 위해 사용할 수 있는 방법은 '궁금증'을 '콘텐츠에 더하는' 방법입니다. 예전에 한 번 시도한 영상이거나 다루었던 주제라도 "이렇게 해봤으면 어땠을까?"라든가 "A가 아니라 B로 해보는 게 어떨까?" 하며 호기심을 이전 콘텐츠에 "더하기"를 하는 것이지요. 이전과 비슷하지만, 색다른 콘텐츠를 계속해서 늘려갈 수 있습니다.

비슷한 콘텐츠만 채널에 올리다가 사람들이 식상해 하지 않을까 염려가 되기도 합니다. 하지만 완전히 똑같지 않다면 시청자들에게는 흥미로운 콘텐츠가 될 수 있습니다. 모든 시청자나 구독자분께서 우리 채널의 영상을 1번부터 차례대로 보는 것은 아니기 때문입니다. 내 콘텐츠를 좋아해서 처음부터 끝까지 다 보신 진짜 팬이 계신다면 새로운 영상도 즐겁게 시청해 주실 겁니다. 만약 내 콘텐츠가 별로라고 느껴졌다면 더 나은 콘텐츠를 위해 진심 어린 조언을 아끼지 않으실 거고요.

계속해서 콘텐츠를 만들 수 있는 또 다른 방법[49]은 유튜브 홈에서 찾아볼 수 있는 "인기 급상승"에 올라온 콘텐츠를 보는 것입니다. 인기 급상승 콘텐츠는 현재 유튜브를 보는 국가에서 사람들이 가장 많이 보고 있는, 관심 있는 영상들을 보여주는 공간입니다. 사람들이 좋아하는 영상이란 어떤 것인지 확인할 수 있는 좋은 방법입니다. 지금 사람들이 어떤 주제에

ⓘ 인기 급상승 화면

---

49   "계속해서 콘텐츠를 만들어내는 방법", <유튜브랩 2.0>, 2018.04.06, https://youtu.be/EwiidhbWRGU

관심이 있는지, 시청자들이 좋아하는 영상이 어떤 것이 있는지 확인해 보세요. 시의성과 유행에 맞는 영상을 만들기 위한 아이디어를 얻어보세요.

사실 인기 급상승 콘텐츠가 되는 것은 크리에이터들의 꿈이자 목표이기도 합니다. 인기 급상승에 올랐던 크리에이터분들도 마찬가지입니다. 나의 새 콘텐츠가 다시 인기 급상승 콘텐츠가 되는 것, 계속 인기를 유지하는 것을 바랍니다. 상황이 이러하다보니 인기 급상승에 영상을 올리는 것 자체를 목표로 한 채널도 등장했습니다. 독립 예능 스튜디오 '안테나 플러스'에서 제작 및 운영하는 채널 "뜬뜬(https://www.youtube.com/@ddeunddeun)"은 그 이름부터 인기 급상승 콘텐츠를 노렸습니다. 뜬뜬의 원래 뜻이 "뜬다. 뜬다. 인기 급상승에 뜬다."라고 해요. 노골적이면서도 귀엽기도 한 이름처럼 뜬뜬은 시작하고 얼마 되지 않아 채널의 많은 영상을 인기 급상승 콘텐츠에 올렸습니다.

우리도 내 콘텐츠가 인기 급상승에 뜨기를 기다리며 시청자들의 흥미와 관심을 불러일으키는 콘텐츠를 분석해 봅시다.

---

48 "계속해서 콘텐츠를 만들어내는 방법", <유튜브랩 2.0>, 2018.04.06, https://youtu.be/EwiidhbWRGU

MEMO

PART 03

촬영하기

 유튜브랩 시작부터 지금까지 유튜브 강의 요청은 계속해서 이어지고 있습니다. 11월이 되면 다음 해 6월까지, 3월이 되면 보통 9월까지의 강의 일정이 꽉꽉 채워지게 됩니다. 강의가 많다는 것은 그만큼 유튜브에 관해서 사람들의 관심이 높다는 것을 말하는 것이겠지요? "유튜브 해 볼까?" 하는 분들은 정말 많은데, 주위에서 제대로 시작하는 사람들을 찾아보면 그렇게 많은 숫자가 아닙니다. 왜 그럴까요?

바로 촬영 단계에서 겁을 내기 때문입니다. "장비를 사야겠지? 사야 한다면 어떤 장비를 사야 하는 것일까?"라든가, "촬영은 어떻게 하지?", "멋진 스튜디오가 필요할 텐데.", "내가 화면에 등장하면 사람들이 이상하게 여기지는 않을까?"와 같은 걱정 말이지요. 유튜브 채널을 하고 싶다면 이런 고민은 다 접어두고 일단 찍으세요! 괜찮습니다. 내가 곧 내 채널이라는 방송국의 사장이자 PD이며 출연자이자 편집자입니다. 일단 해보고 아니다 싶으면 다시하면 그뿐이에요. 어때요? 마음이 좀 가벼워지셨나요? 그렇다면같이 촬영에 대해서 배워 보시죠!

 실시간

 **CHAPTER 01**

촬영 장비의 이해

기획한 콘텐츠를 실제 영상으로 담아 주는 고마운 촬영 장비! 촬영 장비를 제대로 알고 애정으로 대하면, 좋은 결과물로 보답해 준답니다. 유튜브 크리에이터들의 분신 같은 존재! 장비에 대해 알아봅시다.

▶ ▶| 🔊 16:15/17:56   ●● ▣ ▭ ⬚⬚

기본적인 장비의 이해

촬영을 시작하기에 앞서 촬영을 도와주는 "장비"에 대해 살펴봅시다. 가장 기본적인 장비는 화면을 촬영해 줄 카메라와, 카메라를 지지해 줄 삼각대 (혹은 지지대)입니다. 기본 장비만 있어도 유튜브를 시작하는데 충분합니다.

좀 더 멋진 영상을 만들고 싶으시다고요? 그렇다면 화면을 아름답게 혹은 사실적으로 도와주는 조명이 있으면 좋습니다. 깔끔한 화면을 위해 배경을 꾸미는 것도 훌륭한 방법입니다. 마이크가 있으면 음성을 더욱 명료하게 만들어 줍니다. 조명, 배경, 마이크는 있으면 좋고 없어도 괜찮습니다. 장비가 없으면 어떻게 촬영을 하면 되는지 뒤에서 설명할 테니 걱정 붙들어 매세요!

그 외에 촬영하는 동안 배터리가 다 되지 않도록 해 줄 보조 배터리나 충전기, 충분한 저장공간을 확보한 저장매체들이 필요합니다.

🖐 기본 장비들

1) 먼저, 영상 콘텐츠에서 가장 중요한 카메라의 종류를 하나씩 살펴보겠습니다.

① 캠코더

동영상에 가장 알맞은 카메라가 바로 캠코더입니다. 캠코더의 가장 큰 장점은 긴 시간 동안 촬영이 가능하다는 점인데요. 기본적으로 내장된 마이크도 괜찮은 편이고, 손에 들고 찍기에도 부담스럽지 않게 생겨서 움직임이 많거나 긴 촬영 시간이 필요한 콘텐츠의 안성맞춤입니다. 영상의 시초가 된 장비이지만 저조도에 취약합니다. 그래서 밝은 환경을 조성하여 촬영하는 것이 중요합니다.

캠코더 SONY AX100

② 미러리스

거울인 미러(Mirror)가 없는(less) 카메라인 미러리스 카메라. 미러리스 카메라는 기존의 DSLR 카메라에서 거울을 뺀 카메라로 보시면 됩니다. 거울이 빠지다 보니 DSLR 카메라보다 가볍고 크기가 작습니다. 일반 디지털카메라와 전문가용 DSLR 카메라의 중간 단계로, 작지만 DSLR 카메라처럼 렌즈 교환이 가능하다는 장점이 있습니다.

DSLR 카메라를 따로 다루지 않는 이유를 설명해 드리면, DSLR 카메라로 영상을 촬영할 때는 내장된 거울이 젖힌 상태가 됩니다. 거울이 기능을 하지 않기 때문에 미러리스 카메라가 촬영할 때와 같은 형태로 촬영이 이뤄집니다. 오히려 어두울 때 초점 전환은 미러리스 카메라가 효율이 높기 때문에 영상 촬영'만'을 위해 DSLR을 구입하시지는 않기를 추천해 드립니다. 렌즈를 다양하게 사용하고 싶거나, 영상 촬영만큼 사진 촬영에서도 좋은 품질의 결과물을 얻고 싶다면 DSLR 카메라도 추천합니다!

미러리스 카메라 SONY a9

③ 웹캠

컴퓨터, 노트북에 설치하여 사용할 수 있는 카메라입니다. 노트북의 경우 웹캠이 내장된 경우도 많습니다. 촬영을 위한 스튜디오에서 모니터 앞에 앉아 촬영하는 경우, 특히 실시간 라이브 방송을 주로 하는 분들에게 유용한 카메라입니다.

장시간 촬영에도 사용이 용이하고 카메라의 설정을 모니터로 보며 세밀하게 조정할 수 있습니다. 웹캠 프로그램 외에도 실시간 라이브 방송 프로그램을 통해서 조정이 가능하기 때문에 내가 원하는 분위기의 화면을 만들 수 있습니다.

웹캠 로지텍 c920r

2) 두 번째로, 화면만큼이나 중요한 장비인, 음성을 녹음하는 마이크에 대해 알아보겠습니다.

① usb형 콘덴서 마이크

유튜브 콘텐츠를 비롯하여 다양한 상황에 많이 사용되는 마이크 중 하나가 콘덴서 마이크입니다. 정교하게 소리를 잡아낸다는 장점이 있지만, 습도에 민감하고 내구성이 약한 편이라 주로 스튜디오와 같은 실내 녹음용으로 적합합니다.

노래를 녹음할 때도 많이 사용되고 ASMR과 같이 세심한 소리를 영상에 담고 싶을 때 콘덴서 마이크를 많이 사용합니다.

usb형 콘덴서 마이크 Blue Yeti

② 라발리에 마이크 (Lavalier MIC)

핀 마이크라고도 불리는 라발리에 마이크는 크기가 작고 휴대성이 좋습니다. 텔레비전에 방송을 보면 옷깃 근처에 작은 마이크가 달린 것을 자주 보셨을 텐데요. 방송에서 대부분 사용하는 마이크가 바로 이 라발리에 마이크입니다. 여러 명의 목소리를 담아야 할 때 개별적으로 사용하기 좋아 편리합니다.

라발리에 마이크(핀 마이크) SONY UWP-D11

3) 다음은, 화면의 톤을 일정하게 만들어 주고 카메라 촬영 시 화질을 개선할 수 있는 조명에 대해 알아보겠습니다. 조명을 쓸 때는 LED 조명인지 꼭 확인하세요. 형광등의 경우 사람의 눈에 보이지 않는 점멸이 반복됩니다. 그 깜빡거림을 카메라가 잡아내어 영상에 검은 줄이 생기는 플리커(Flicker) 현상이 일어나기 때문에 LED 조명을 사용하시는 것이 좋습니다.

① 링 조명

충분한 빛이 없을 때 사용하는 것이 조명입니다. 야외에서는 그 어느 조명보다 좋은 태양광이 있지만 스튜디오나 실내에서는 빛이 부족할 수 있습니다. 이때 조명을 사용하게 되는데 링 형태의 조명을 링 조명이라고 부릅니다.

인물의 눈에 조명을 쏘아 눈을 더 밝게 보이게 하거나 강조하는 기법을 '캐치 라이트(Catch Light)'라고 하는데요. 링 조명은 인물의 눈에 동그랗게 조명의 상이 맺히기 때문에 눈이 초롱초롱하게 빛나 보이게 합니다. 주로 뷰티 콘텐츠를 제작하는 크리에이터분들이 선호하는 조명입니다.

링조명(룩스원라이트)

② 사각 조명

링 조명과 구분하려고 사각 조명이라 불렀지만 실제로는 제품의 이름으로
더 많이 불립니다. 화면의 톤을 일정하게 정돈하고, 원하는 색상의 톤으로
조정도 가능합니다. 원하는 빛의 양을 조절할 수 있어서 촬영 시에 다양하
게 활용할 수 있습니다.

⊛ 조명 룩스패드43

**4) 깔끔하고 세련된 배경을 만드는 방법에는 여러 가지가 있습니다. 내 방에 작은 스튜디오를 만든다고 생
각하고 소품을 활용하여 꾸미는 방법도 있고, 배경지나 커튼을 활용하는 방법도 있습니다. 마지막으로
장비 파트에서 소개할 배경은 다양한 효과를 적용할 수 있는 "크로마키 배경"입니다.**

① 크로마키 배경 (천 혹은 판)

화면에서 특정 색상을 빼고 다른 화면을 집어넣는 것을 크로마키
(Chroma-Key)라고 합니다. 보통 파란색이나 초록색을 사용해서 블
루 스크린(Blue Screen), 그린 스크린(Green Screen)이라고도 합니
다. 일반적으로 특수효과를 많이 사용하는 영화 촬영에 주로 사용
되었으나 최근에는 유튜브 콘텐츠에서도 많이 사용되고 있습니다.

⊛ 크로마키 촬영 사례. 초록색 크로마키 배경에서 촬영한 후
보라-파랑 그러데이션 배경을 적용하였다.

초록색의 스크린을 사용하여 크로마키 효과를 넣을 경우에는, 초록색 옷을 피해야 합
니다. 그렇지 않으면 옷 부분에 배경 화면이 나타나게 되어 얼굴만 둥둥 떠다니는 영
상이 될 수 있습니다.

⊛ 초록색 크로마키 배경

초보 유튜버를 위한 장비 소개, 어떤 장비를 사야 할까?

장비의 종류에 대해서 다 알아보았는데, 영상 콘텐츠를 만들기 위해서 위에서 말한 장비를 모두 구입해야 하는 것일까요? [50]비싼 장비를 사용할수록 좋은 질의 영상이 나올까요?

사실 영상 콘텐츠의 질이 장비의 질과 정비례하지는 않습니다. 장비를 완벽하게 갖추고 있다고 해서 완성도 높은 영상 콘텐츠가 나오지 않는다는 것만 잘 아셔도, 이미 촬영의 반은 성공이라 볼 수 있습니다.

성공적인 촬영을 위해서 우리가 사용할 장비는 지금 책을 읽는 모든 분이 다들 가지고 있으며, 가장 익숙하지만 가장 강력한 도구입니다. 매우 강력하고 유용한 카메라는 우리가 학교 갈 때 혹은 회사에 갈 때, 화장실에 갈 때, 잠을 잘 때도 사용하는 '스마트폰'입니다. 스마트폰으로 촬영하는 것이 좋은 이유를 살펴보도록 하겠습니다.

"고급 카메라 기종과 비교하여 화질이 밀리지 않는다."라는 장점이 있습니다. 미러리스 카메라와 스마트폰으로 해상도와 프레임을 같게 하여 촬영하고, 아무런 보정을 하지 않은 채 비교하면 육안으로는 그 차이를 알기 어렵습니다.

⊕ 아이폰 촬영 장면

⊕ 미러리스 카메라 촬영 장면

물론 미러리스 카메라가 스마트폰에 비해 이미지 센서가 좋아서 색감이 더욱 풍부하게 보이지만 그점을 제외하고 본다면 거의 차이가 없다고 할 수 있어요. 촬영 시간 등의 카메라 설정을 잘 만져주고 빛이 충분한 환경이라면 고급 카메라 기종 못지않은 영상을 촬영할 수 있기 때문에 스마트폰으로 촬영을 추천합니다.

두 번째로 스마트폰이 좋은 장비인 이유는, 스마트폰 하나로 촬영과 편집, 업로드까지 가능하기 때문이에요. 이는 유튜브 세계에서 상당한 장점으로 작용합니다. 유튜브 플랫폼을 포함한 인터넷 세계에서 영상 콘텐츠가 빛을 보려면 누구보다 발 빠르게 정보를 전달할 수 있어야 합니다. 같은 영상을 촬영

---

50   "유튜브 장비 초보 유튜버 어떤 카메라 사용해야 할까요?", <유튜브랩 2.0>, 2017.11.15, https://www.youtube.com/watch?v=P9dEJn5c-uM

하더라도 그 영상을 가장 먼저 올리는 사람이 성장에 유리합니다.

스마트폰은 여러 가지 앱을 통해 쉬운 촬영이 가능하고, 편집과 업로드도 그 자리에서 해결할 수 있기 때문에 빠르게 영상 콘텐츠를 제작하고 사람들의 반응을 볼 수 있습니다. 앞으로 계속해서 영상 전용 애플리케이션이 발전될 것으로 보입니다. 촬영과 편집 앱이 계속 출시되고 더 쉽고 빠르게 사용할 수 있도록 개편되고 있는 것을 볼 때, 다른 어떠한 장비보다 우수하다고 할 수 있습니다. 이제는 굳이 컴퓨터를 사용하지 않고도 편집 작업의 전반적인 과정이 스마트폰으로 가능하기에, 스마트폰만 잘 활용해도 크리에이터로서 전반적인 활동이 가능하게 됩니다.

스마트폰은 늘 들고 다니기 때문에 예상치 못한 변수에 대처하기가 수월합니다. 전문가용 카메라를 상당수 가지고 있지만 크기와 무게, 배터리 충전과 같은 준비들로 인해 장소와 시간에 구애받습니다. 하지만 스마트폰은 그렇지 않죠. 갑작스럽게 마주하게 된 촬영 기회에도 콘텐츠 촬영을 하는 데 용이합니다. 촘촘한 기획은 중요하지만, 삶이 계획대로만 흘러가지 않는 것처럼 크리에이터의 삶에도 계획되지 않은 콘텐츠가 생기기 마련입니다.

여기, 여행 유튜버가 있습니다. 여행 도중, 작은 마을에서 새로 생긴 축제를 발견합니다. 축제가 있는 줄 몰랐기 때문에 촬영 계획은 없었습니다. 하지만 여행 유튜버 중에서 그 축제를 처음 발견하고 촬영한다면, 그 콘텐츠는 내 채널의 다른 콘텐츠의 조회 수를 견인하는 '히어로 콘텐츠'가 될 수도 있습니다. 변수를 신속하게 해결할 수 있기에 히어로 콘텐츠를 만들 수 있는 가능성이 올라가게 되는 것이지요.

끝으로 스마트폰이라는 장비는 무궁무진한 가능성을 지녔습니다. HD, FHD 해상도의 영상은 물론, 4K(UHD) 영상도 촬영이 가능합니다. 스마트폰은 고화질 영상일 뿐 아니라 저용량으로 영상을 저장할 수 있어 촬영본 관리에도 편리합니다.

더 놀라운 점은 이와 같은 발전이 현재 진행형이라는 것이지요. 앞으로 계속하여 더 발전할 것으로 추측해 봅니다. 가까운 미래에 스마트폰 카메라가 카메라 시장의 단독 주자가 될지도 모른다는 상상도 해봅니다.

스마트폰만이 정답은 아닙니다. 아직은 분명히 보이는 한계도 지니고 있습니다. 하지만 처음 유튜브 콘텐츠를 촬영할 때는 스마트폰으로 감을 잡고 시작한 후에 다른 카메라, 다른 장비로 기기 변경을 하는 것이 좋습니다. 본인에게 맞는 딱 맞는 장비를 찾아가는 것도 크리에이터의 기쁨이니까요.

스마트폰으로 유튜브 영상 촬영하는 법[51]

스마트폰으로 사진이나 영상을 촬영했을 때 어떤 때는 멋진 화면이 나오는데, 어떤 때는 아쉬운 경험이 있었나요? 예전에 제 촬영 결과물의 기복이 심해서 왜 그런지 너무 궁금하더라고요. 사진을 잘 찍는 친구에게 고민을 털어놨더니, 구도에서 차이가 나오는 것 같다고 알려주더라고요. 그래서 구도에 대해 찾아보니 'C자형 구도', 'S자형 구도', '삼각 구도', '십자 구도', '부채꼴 구도', '방사형 구도', '대각선 구도', '마름모꼴 구도', '원형 구도', '대칭 구도' 등 영상에 찍히는 대상 가진 고유의 배치를 균형 있게 담아내야 한다는 것을 배웠습니다.

조화로운 구도를 위해서는 촬영을 많이 해보는 것이 필수입니다. 하지만 초보자들도 구성을 안정적으로 하는 노하우는 있더라고요. 구도를 잘 잡는 법에 대해 자료를 찾아보니 결과물의 기복이 있던 시절에 저는 가장 기본적인 부분을 놓치고 있었어요. 바로 수직과 수평을 잘 맞추는 일이었습니다. 다행히도 요즘 카메라나 스마트폰 카메라에는 이 기본적인 부분에 도움을 주는 '안내선'을 제공하고 있습니다. 안내선을 보고 수직과 수평을 잘 맞추기만 하면 되니 훨씬 더 멋진 화면을 촬영할 수 있습니다.

🐢 안정감 있는 구도를 맞출 수 있게 돕는 안내선. 가느다란 흰 선으로 나타난다. 가로선과 세로선이 만나는 교차점에 피사체가 걸리게 촬영하면 더 아름다운 구도를 만들 수 있다.

카메라를 켜시고 화면에 가로, 세로로 하얀 선이 있는지 확인해 보세요. 만약 없다면 지금 함께 세팅해 봅시다. 한 번만 세팅하면 사진을 찍거나 영상을 찍을 때 계속 활용할 수 있어요.

안드로이드 체제의 스마트폰은 [카메라] 애플리케이션에서 안내선을 켤 수 있답니다. 카메라를 실행하신 다음, 상단이나 하단의 톱니바퀴 혹은 육각형 모양의 [설정]으로 들어갑니다. 스크롤을 내리시며 [안내선]을 찾고, 토글(막대 모양의 스위치. 옆으로 밀어서 켜고 끄는 스위치)을 활성화해 주세요. 기기에 따라 '수직/수평 안내선', '구도 가이드' 등으로 표기될 수 있습니다.

이 가이드로 화면의 수직과 수평을 잘 맞추어 촬영할 수 있습니다. 보통 '삼분할 구도'로 많이 알려져 있습니다. 화면을 반으로 나누는 구도보다 다양한 구도를 만들 수 있어 스마트폰 카메라 메뉴에 세팅이 되어 있답니다. 선이 만나는 지점을 '스위트 스폿(Sweet Spot)'이라고 하여 아름다운 구성을 맞출 수 있습니다.

---

51 "스마트폰으로 유튜브 촬영 방법", <유튜브랩 2.0>, 2018.03.14, https://www.youtube.com/watch?v=kK1TuZWJf1s

아이폰을 사용하신다면 잠시 카메라 애플리케이션은 꺼주세요. 회색 톱니바퀴 모양의 [설정]으로 들어갑니다. [설정]에서 [카메라]를 누르시고, 스크롤을 내리시며 [격자]의 토글을 활성화해 주세요.

본격적으로 스마트폰으로 촬영하는 법에 대해서 알아봅시다. 촬영하기 위해 스마트폰을 꺼내주세요. 촬영을 위해 카메라를 켜주세요. 촬영용 애플리케이션을 쓰는 것도 좋지만, 기본 카메라로 영상을 찍어도 좋습니다. "동영상"을 찍을 때는 가급적 16:9 비율로 촬영을 해주세요. 스마트폰을 가로로 뉘여서 촬영하시면 됩니다. 물론 다른 비율로 촬영해도 됩니다. 일반적으로 영상은 16:9 비율이 높으니까, 시청자들에게 익숙한 영상 환경을 제공하기 위해서 가로 촬영을 권합니다.

⊛ 스마트폰 촬영을 잘 하는 방법은, 늘 촬영할 준비를 갖추는 것입니다.

쇼츠의 등장으로 쇼츠는 9:16, 일반 동영상은 16:9라는 인식이 강해졌습니다. 나중에 9:16 비율의 영상이 필요하더라도 편집으로 다양하게 활용할 수 있습니다. 편집 프로그램이 익숙하지 않다면 조금만 기다려보세요. 유튜브에서 가로 동영상을 쇼츠로 변환할 수 있도록 돕는 재구성 서비스를 테스트 중입니다. 확대, 축소, 화면 분할 효과 등을 포함할 것이라고 하니[52] 어떻게 찍는 게 좋을지 고민될 때는 일단 16:9로 시작해 보세요.

사실 어떤 비율로 촬영하든, 시청자가 보기에 불편함이 없는 영상을 제작하는 것이 가장 중요합니다. 시청자가 보기에 불편함이 없는 영상은, 콘텐츠의 내용을 배제하고, 흔들리지 않아야 해요.

실내에서 앉아서 촬영하는 경우에는 흔들림에 대한 고민이 적습니다. 삼각대를 이용해 스마트폰을 고정하여 사용하기 때문인데요. 하지만 일상을 촬영하는 브이로그(V-log: Video log)나 야외 촬영을 할 때는 손에 들고 찍는 경우(핸드헬드)가 많아 흔들림을 잘 잡는 것이 매우 중요합니다.

흔들림을 잡아주는 짐벌(Gimbal) 장비를 쓰지 않고, 흔들리지 않는 영상을 촬영하는 방법을 알아봅시다. 촬영할 때는 영상 사이즈를 FHD(해상도1,080p)로 찍고, 셀카 모드로 찍기보다는 후면 카메라를 활용하는 것이 깨끗한 화질을 얻기 좋습니다.

52 "쇼츠(Shorts)를 위한 6가지 최신 제작 도구를 소개합니다!", <YouTube 한국 블로그>, 2023.08.03 https://youtube-kr.googleblog.com/2023/08/6-new-youtube-shorts-creation-tools.html

01 양손으로 촬영한다.

한 손으로 촬영하게 되면 스마트폰이 '좌우'로 흔들리기 쉽습니다. 흔들리지 않게 찍었다 해도 수평이 맞지 않아 비스듬하여 불안한 영상이 나올 수도 있습니다. 양손을 사용해 덜 흔들리게 해주세요. 이것만으로도 흔들림을 많이 잡을 수 있습니다. 이때 손가락으로 렌즈를 가리지 않도록 주의해 주세요.

02 팔을 몸통에 붙이고 촬영한다.

촬영할 때, 팔꿈치 쪽을 몸에 가깝게 붙인다고 생각하세요. 몸이 양팔을 지지하기 때문에 흔들림이 최소화됩니다. 내 몸이 삼각대가 되었다고 생각하시면 편리합니다. 몸이 아니더라도 팔을 지지할 수 있는 곳이 있다면 활용해 보세요!

03 닌자 워크 (Ninja Walk, Gimbal Movement)

스마트폰을 들고 촬영할 때 걷게 되면, 걸을 때마다 무릎가 어깨로 전해지는 진동에 의해 화면이 위아래로 흔들리게 됩니다. 무릎을 굽히고 뒤꿈치를 들고 걸으면 흔들림을 줄일 수 있습니다. 마치 닌자가 걷는 듯하다 하여 닌자 워크(Ninja Walk)라고도 하고 짐벌을 사용하는 것처럼 움직인다고 하여 짐벌 무브(Gimbal Move, Gimbal Movement)라고도 합니다.

☺ 스마트폰 촬영 시, 밝은 곳에서 촬영하는 것이 좋으며, 형광등보다 LED 조명을 사용하는 것이 좋다.

점점 스마트폰 카메라의 기능이 우수해지고 있습니다. 접사렌즈부터 망원렌즈까지 렌즈도 다양해지고, 손떨림방지기능에, 어두운 곳에서도 훌륭한 촬영 결과를 낼 수 있게 되었습니다. 하지만 여전히 어두운 곳에서 촬영했을 때보다 밝은 곳에서 촬영했을 때 좋은 영상을 얻을 가능성이 큽니다. 빛을 더하기 위해 조명을 사용하는 것도 좋습니다. 조명을 사용하실 때는 꼭 영상용 조명이 아니어도 괜찮아요. 단, 형광등보다는 LED 등을 쓰시길 바랍니다. 형광등은 깜빡거리면서 빛을 내는데요. 우리 눈에는 보이지 않지만 카메라의 렌즈에는 이 깜빡임이 잡히거든요. 화면의 색감이 변하거나, 노출이 변하거나 혹은 줄이 생기기도 합니다. 이 현상을 '플리커(Flicker)' 혹은 '명멸(明滅) 현상'이라고 합니다. 이 현상을 방지하기 위해 셔터 스피드나 감도를 조정하거나, 플리커 방지 설정이 있는 카메라를 쓰는 방법도 있습니다. 하지만 우리는 가장 쉬운 방법으로 콘텐츠를 만드는 방법부터 익혀 나가는 과정이니까요. 지금은 밝은 곳을 찾거나, 플리커 현상이 덜 발생하는 조명을 활용하는 것으로 시작해 봅시다.

 CHAPTER 02

촬영 기법의 이해

똑같은 주제의 영상이라도 어떤 화면은 이해가 잘 되고 보기 좋은 반면에, 어떤 화면은 어색하게 느껴질 때가 있을 거예요. 콘텐츠의 내용을 잘 담아내는 촬영 기법에 대해 알면 앞으로는 이해하기 쉽고 아름다운 화면을 촬영할 수 있어요!

▶ ▶▶ 🔊 *16:15/17:56*

샷의 크기에 대한 이해

유튜브 콘텐츠 촬영을 할 때, 어디서 어디까지를 찍어야 할지 막막합니다. 촬영 대상은 채널의 주제나 영상의 소재에 따라 여러 가지이지만, 기본적으로 채널의 주인공이 '인물'인 경우가 많습니다. 그래서 영상 속에 등장하는 인물의 크기에 따라 8가지 샷으로 나누어 구도를 이해해 보겠습니다. (여기서 '샷'이란 녹화 버튼을 눌러 촬영을 시작했다가 정지할 때까지 찍힌 영상을 말합니다.)

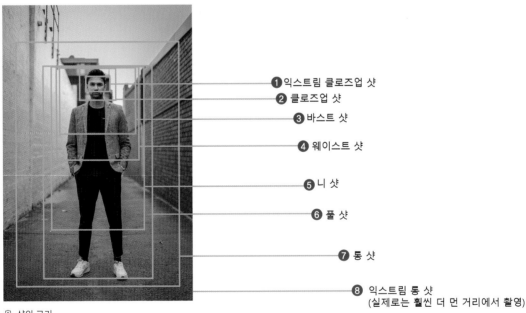

❶ 익스트림 클로즈업 샷
❷ 클로즈업 샷
❸ 바스트 샷
❹ 웨이스트 샷
❺ 니 샷
❻ 풀 샷
❼ 롱 샷
❽ 익스트림 롱 샷
  (실제로는 훨씬 더 먼 거리에서 촬영)

😊 샷의 크기

작은 크기의 샷에서부터 점차 큰 샷으로 이야기하겠습니다.

❶ 익스트림 클로즈업 샷 (Extreme Close-Up Shot, ECU, XCU)

화면 가득 눈이나 코, 입이나 귀 등 특정 부위를 꽉 차게 촬영하는 샷입니다. 클로즈업이 매우 가깝게 들어간 화면으로 긴장이나 불안을 나타낼 때 효과적입니다.

인물뿐 아니라 물체의 특정 부분을 확대하여 담는 장면도 익스트림 클로즈업 샷이라고 부릅니다. 미국에서는 얼굴을 잘라 보여준다고 해서 "슬라이스 샷(Slice Shot)"이라고도 합니다.

❷ 클로즈업 샷 (Close-Up Shot, CU, CUS)

인물의 얼굴 전체를 화면 가득 담아 촬영하는 샷입니다. 클로즈업 샷에서 얼굴을 더 확대하면 빅 클로즈업 샷(Big Close-Up Shot)이라고 합니다. 익스트림 클로즈업 샷과 클로즈업 샷의 중간 크기라고 생각하면 쉽습니다.

인물의 표정을 가장 잘 담을 수 있습니다. 표정과 감정의 변화를 드러낼 때 활용하기 좋습니다. 하지만 얼굴이 가까이 나오기 때문에 특정 부분만 초점이 잡히는 현상에 주의해야 하고 인물의 피부 질감이나 코와 이마로 인한 그림자가 지는 것을 신경 써서 촬영해야 합니다. 또한 클로즈업은 남용할 경우 답답한 느낌을 줄 수 있으므로 너무 자주 쓰지 않도록 하는 것을 추천해 드립니다.

❸ 바스트샷 (Bust Shot, BS)

머리끝에서 가슴까지를 촬영합니다. 촬영할 때 기본이 되는 크기로, 대화나 인터뷰에서 자주 볼 수 있는 샷입니다.

안정감을 주는 샷이기 때문에 가장 익숙하게 볼 수 있는 샷입니다. 물체를 대상으로 촬영할 때는 물체를 확인할 수 있는 정도의 거리를 뜻하기도 합니다.

❹ 웨이스트 샷 (Waist Shot, WS)

인물의 머리끝에서부터 허리 위를 촬영하는 구도입니다. 주로 상반신의 움직임을 담을 때 촬영합니다. 두세 명을 동시에 촬영할 때 자주 사용합니다.

웨이스트 샷은 배경 처리를 잘못하면 인물에게 시선이 집중되지 않을 수 있어서 배경을 흐릿하게 하는 아웃포커싱으로 촬영하기도 합니다.

❺ 니 샷 (Knee Shot, KS)

무릎 위의 상반신을 담으면 니 샷이 됩니다. 할리우드 고전 시대에 애용되어 아메리칸 샷(American Shot)이라고도 하고, 미디엄 롱 샷(Medium Long Shot)이라고도 부릅니다.

상반신이 움직일 때나, 여러 명을 촬영할 때 사용하고, 적당한 거리가 있어 안정감이 느껴집니다. 샷과 샷을 연결할 때 사용하여 자연스러운 연결을 만들기도 합니다.

❻ 풀 샷 (Full Shot, FS)

머리부터 발끝까지 담으면 풀 샷이 됩니다. 전신이 화면에 잡히기 때문에 인물의 자세가 한눈에 들어오게 됩니다. 인물의 움직임, 상호 관계, 방향감각 등이 모두 전달됩니다.

피사체가 일반 풍경이나 물체의 경우에는 전체 모습을 다 담은 샷을 풀 샷이라고 합니다.

❼ 롱 샷 (Long Shot, LS)

배경과 인물이 함께 나오는 샷입니다. 원거리에서 촬영하는 경우이기에 위치를 알려주는 데 효과적입니다. 롱 샷은 배경이 인물보다 더 큰 비중을 차지하게 됩니다. 배경과 인물을 한눈에 보기 때문에 인물이 처한 상황을 이해하기 쉽습니다.

롱 샷의 크기가 가늠되지 않는다면, 화면 전체에서 인물이 차지 하는 비율이 절반에서 3분의 1 정도 라고 생각해도 좋습니다. 보통 익스트림 롱 샷과 롱 샷의 구분이 모호하므로 크리에이터 혼자 촬영이 아니라 팀을 이루어 촬영한다면 정확한 사이즈를 알려주면서 촬영하는 것이 좋습니다.

롱 샷은 화면을 통해 정보를 많이 알려주기 때문에 장면이 시작할 때와 끝날 때, 다른 이야기로 전개 될 때의 화면으로 많이 사용합니다.

❽ 익스트림 롱 샷(Extreme Long Shot, ELS, XLS)

롱 샷보다 더 먼 거리의 촬영 장면을 익스트림 롱 샷이라고 합니다. 주로 자연경관이나 전경, 출근 시 간 도시의 인파 같은 화면입니다. 복잡한 상황을 설명하는 데 효과적입니다.

지금까지 샷의 크기에 대해 알아보았습니다. 어떤 크기의 샷으로 촬영하더라도, 사람이나 동물을 촬영할 때는 관절을 자르지 않도록 조심하세요. 목, 손목, 발목 등을 자르면 영상이 불안하고 어색하게 느껴지니까요.

샷의 각도에 대한 이해

카메라를 인물을 향해 위치시켰을 때 발생하는 각도를 샷의 앵글이라고 합니다. 앵글에 따라 다양한 효과가 나타나기 때문에, 다양한 분위기를 연출할 수 있습니다.

• 정각, 스탠다드 앵글 (Standard Angle)

화면에 나오는 인물의 눈높이와 같은 높이로 '아이 레벨(Eye Level)', '수평 앵글'이 라고도 합니다. 뉴스에서 아나운서를 촬영하는 화면을 떠올리면 쉽습니다. 편안하고 안정적인 화면을 얻을 수 있지만 심심한 화면이 되기도 쉽습니다.

인물을 촬영할 때는 눈높이를 잘 맞추지 못하면 시청자와 인물 간의 관계가 친밀하게 유지되기 어렵습니다. 반대로 눈높이를 잘 맞춘다면 콘텐츠를 보는 사람과 친밀한 관계를 형성하기 쉽기 때문에 유튜브 콘텐츠에서 자주 활용되는 각도입니다.

• 양각, 로우 앵글(Low Angle)

인물을 아래에서 올려다보는 각도로, 인물이 크게 보이고 당당하게 보입니다. 하늘을 배경으로 촬영할 때 자주 사용되는 각도이며 건물의 전체나 천장을 강조할 때 활용됩니다. 이 경우 권위적이거나 위압적인 느낌을 줄 수도 있습니다.

• 부감, 하이 앵글(High Angle)

인물을 높은 곳에서 내려다보는 각도입니다. 인물이 왜소하게 보이고, 어리고 귀엽게 여겨지도록 하는 각도입니다. 하이 앵글로 촬영을 하면, 시청자가 관찰자가 되는 느낌을 받을 수 있습니다. 그래서 인물뿐 아니라 스포츠 현장을 중계할 때도 자주 사용됩니다.

샷의 앵글에 대해 알아보았습니다. 샷의 크기와 앵글을 잘 활용하면 영상 콘텐츠에 재미를 줄 수 있습니다. 예를 들어 여행 유튜브 크리에이터가 새로운 여행지로 떠난다면 처음에 시작은 롱 샷을 사용해 여행지가 어디인지 보여줄 수 있습니다. 높은 건물이 빼곡한 빌딩 숲이 돋보이는 곳이라면, 하이 앵글을 활용하여 건물의 모양과 거미줄처럼 펼쳐진 도로를 평면적으로 보여줄 수 있습니다.

여행지를 옮길 때 기차를 이용한다고 합시다. 풀 샷을 활용해 기차에 오르는 모습을 먼저 보여주어

기차를 이용함을 보여줄 수 있습니다. 기차로 인해 매우 빠르게 도착했다는 것을 보여주고 싶다면 로우 앵글로 촬영하여 기차가 더욱 빠르게 보이는 효과를 얻을 수 있습니다.

샷의 크기와 앵글에 대해 익숙해지면 영상 콘텐츠 하나하나를 기획할 때 더욱 빠르고 효과적으로 활용할 수 있습니다. 이름을 일일이 기억하지 않아도 좋습니다. 어떻게 촬영하고, 그 효과가 어떤지 중점적으로 익히는 것이 중요합니다.

카메라 무빙에 따른 분류

촬영할 때 인물이나 피사체가 움직이게 되면 카메라도 피사체를 따라 함께 움직일 수 있습니다. 시청자들은 화면을 볼 때 카메라가 움직여 화면이 이동하게 되면 이야기의 흐름이 새로운 국면을 맞이했다고 여기게 됩니다.

따라서 영상 촬영에 익숙하지 않은 경우에는, 카메라를 이동시키는 것보다는 카메라를 고정하고 촬영하는 것이 시청자가 화면을 이해하는데 혼란스러움을 더하지 않을 수 있습니다. 가급적 구체적인 이유 없이 카메라를 움직이는 것은 피하는 것이 좋습니다.

• 고정 촬영 (Fixed Camera Shooting)

삼각대 등을 이용하여 카메라를 한 곳에 고정한 상태에서 촬영하는 방법입니다. 간결하고 정리된 느낌을 받을 수 있고 화면이 안정적입니다. 촬영 시에 정적인 느낌이 들 수도 있습니다.

고정 촬영을 통해 얻은 화면을 고정 화면이라고 합니다.

• 줌 촬영(Zoom)

초점 거리를 변화시킬 수 있는 줌 렌즈를 활용하는 촬영입니다. 고정 촬영을 하더라도 인물이나 피사체의 크기를 조정할 수 있습니다. 피사체를 확대하는 것을 줌 인(Zoom-In), 축소하는 것을 줌 아웃(Zoom-out)이라고 합니다. 줌 인은 극적인 효과나 시선을 집중시킬 때 많이 사용합니다.

뒤에서 배우게 될 달리나 트래킹에 비해 부자연스럽기 때문에 가급적 카메라를 움직여서 줌 촬영하는 것은 추천하지 않습니다.

• 달리(Dolly)

바퀴가 달린 이동 장치에 카메라를 설치하여 카메라를 이동합니다. 보통 카메라와 촬영자가 탈 수 있습니다. 레일을 깔고 이동하는 방식과 고무바퀴를 단 방식이 있습니다. 멀어지게 할 수 있습니다. 줌을 활용하면 화면상의 왜곡 현상이 일어나곤 하는데, 달리는 원근감이 자연스럽게 변화하여 부드러운 느낌이 드는 장점이 있습니다.

인물이나 피사체에 가까이 가면 달리 인(Dolly in), 멀어지면 달리 아웃(Dolly out)이라 합니다. 저는 달리 이동 장치를 구하기 어려울 때 가끔 바퀴 달린 의자를 이용하기도 합니다.

• 트래킹(Tracking)

레일 위에 카메라를 설치하여 카메라를 움직이는 방법입니다. 설치된 레일을 따라 직선과 곡선으로 움직일 수 있습니다. 트러킹(Trucking), 트래블링(Traveling)이라고도 합니다. 피사체에 다가가면 트랙 인(Track in), 멀어지면 트랙 아웃(Track out)이라고 합니다.

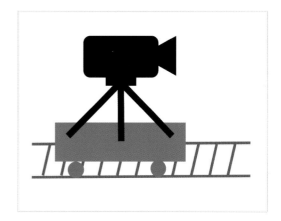

화면에 담기는 인물이나 피사체의 배경에 변화를 주고 싶을 때나, 화면에 움직임을 주고 싶을 때 사용합니다. 피사체의 움직임을 따라가며 촬영하기도 하고, 인물이나 피사체를 중앙에 두고 회전하며 촬영하기도 합니다. 트래킹으로 촬영한 장면은 트랙 샷(Track Shot)이라 합니다.

• 팬(Pan)

삼각대에 카메라를 고정하고 삼각대 헤드를 중심으로 수평으로 이동하는 방법입니다. 오른쪽으로 이동하면 팬 라이트(Pan right) 왼쪽으로 이동하면 팬 레프트(Pan left)라고 합니다.

파노라마 촬영에 많이 쓰이고 팬의 속도를 조절하거나 피사체의 움직임은 멈춰도 카메라는 계속 팬(Pan)하는 등 다양하게 활용할 수 있습니다.

- **틸트(Tilt)**

삼각대에 카메라를 고정한 상태에서 삼각대 헤드를 중심으로 수직으로 이동하는 방법입니다. 피사체의 위에서 아래로 이동하면 틸트 다운(Tilt down), 아래에서 위로 이동하면 틸트 업(Tilt up)이라고 합니다.

카메라를 받치는 장치인 페데스탈(Pedestal)를 이용하여 카메라 자체가 위아래로 움직이는 방식과 앞서 말한 틸트는 원근감의 변화에 차이가 있습니다.

- **핸드헬드(Handheld)**

삼각대 등의 고정 장치를 이용하지 않는 촬영 방법입니다. 카메라를 손에 들고 촬영하며 이동합니다. 사실적인 화면이 만들어지고 현장감을 생생하게 전달할 수 있습니다.

 CHAPTER 03

촬영하기

더욱 매끄러운 촬영 결과물을 위한 꿀팁들을 정리해 보았습니다. 이번 챕터에 나오는 노하우를 적용하여 내 영상을 반드시 찍어보세요! 여러분의 콘텐츠를 보고 좋아하는 구독자가 쑥쑥 늘어날 거예요!

▶ ▶▶ 🔊 16:15/17:56   ▶ ▢ ▬ ⛶

야외에서 소음 없이 촬영하는 법

1인 방송의 영역이 점차 넓어지고 콘텐츠의 다양성이 보장되는 상황에서 카메라를 들고 야외에서 촬영하는 경우가 늘어나고 있습니다. 그러나 야외 촬영은 수많은 방해 요소를 지니고 있지요. 초상권 문제를 일으킬 수 있는 갑작스러운 제삼자의 등장이나, 촬영자의 미숙으로 인해 카메라의 흔들림이 생겨 불안한 화면을 얻을 수도 있습니다. 하지만 가장 문제는 소음으로 인한 올바른 음성 입력 문제입니다.

스마트폰에 내장된 마이크는 성능이 뛰어나지만, 야외 촬영을 하기에는 아주 살짝 무리가 있습니다. 자동차 소리, 사람 소리, 백색 소음이 동시에 녹음이 되는 것은 물론, 원래의 음성 손상이 일어나기도 합니다.

이런 문제를 해결하기 위해서 가장 간단한 방법은 '외장 마이크'를 준비하는 것입니다. 외장마이크를 사용하는 것만으로도 음성의 퀄리티가 달라집니다. [53]외장 마이크를 써도 바람 소리와 같은 소음을 줄이려면 스펀지나 복슬복슬한 털로 된 '윈드 스크린', '데드캣'을 사용하는 것이 좋습니다.[54]

🎧 외장 마이크와 윈드 스크린을 사용하는 모습

---

53 "야외에서 소음 없이 촬영하는 법", <유튜브랩 2.0>, 2018.05.30, https://www.youtube.com/watch?v=7HBEfH6hgZU
54 "영상 사운드 또렷하게 촬영하는 방법 공짜로 외장마이크 득템", <유튜브랩2.0>, 2018.05.11, https://www.youtube.com/watch?v=2nmeVu1lqrs

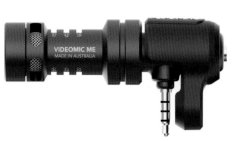

스마트폰용 외장 마이크   스마트폰용 외장 마이크를 장착한 모습

외장 마이크를 구입하기 어렵다면 집에 있는 보이스 레코더를 사용하여 음성을 따로 녹음하고, 편집할 때 녹음한 목소리를 덧씌우는 방법을 사용할 수도 있습니다.

외장 마이크나, 보이스 레코더를 구하기 어려우시다면 마이크 기능이 포함된 이어폰을 활용하는 방법도 있습니다. 이어폰을 스마트폰에 연결하여 마이크를 입 쪽으로 두고 촬영하면 훨씬 더 깔끔한 소리를 얻을 수 있습니다. 단, 너무 입에 가까이 두게 되면 '파', '카'와 같은 파열음이나 '차'와 같은 파찰음 소리가 엄청나게 크고 거친 소리로 들어갈 수 있으니 유의해 주세요.

기본적으로 실내에서는 스마트폰 내장 마이크만으로도 충분합니다. 하지만 실내에서 촬영하실 때도 음성을 함께 촬영하기에 적합하지 않은 상황이 생긴다면, 충분한 소음 방지책을 마련하고 촬영에 임해야 하겠죠? 촬영 환경과 그에 맞는 장비를 올바르게 사용하는 것이 중요합니다.

매력적인 영상을 위하여! 야외 촬영 잘하는 꿀팁

야외 촬영은 심적으로도, 촬영 장비를 챙겨야 하기에 물리적으로도 부담이 가는 일입니다. 특히나 외부 촬영에 생기는 돌발 상황에 대한 대처를 무리 없이 진행하는 것도 쉽지 않기 때문에 유튜브 콘텐츠를 만들 때 실외보다는 실내 촬영이 편리하다고 여겨집니다.

까다롭게 여겨지는 야외 촬영이지만 다채로운 화면과 상황을 콘텐츠로 담아낼 수 있어서 매우 매력적인 촬영이기도 합니다. 촬영 각도, 샷의 크기, 카메라 무빙 등 다양한 촬영 기법을 시험해 볼 수 있어 크리에이터의 제작 실력 성장에도 매우 도움이 됩니다.

주로 브이로그, 여행 콘텐츠, 시네마틱 영상 콘텐츠에서 야외 촬영이 이뤄집니다. 스튜디오 촬영처럼 배경이 단순하지 않고 카메라 이동이 빈번하게 일어나기 때문에 전하려는 메시지가 정확하지 않으면 난해한 콘텐츠가 될 수도 있습니다. 야외 촬영에서는 기획 당시에 어디에서 어디로 움직일지 '동선을 파악'하는 것이 중요합니다.

음성을 담을 때는 물리적으로 마이크를 가까이하는 것을 잊지 말고, 조명 대신에 태양광을 충분히 활용하시길 바랍니다. [55]태양은 그 무엇보다 좋은 조명이지만 방향이나 빛의 세기 등을 원하는 대로 조정할 수 없습니다. 게다가 언제까지나 나를 기다려 주지 않기 때문에 촬영을 신속하게 해야 한다는 것도 잊어서는 안 됩니다. 태양의 위치와 시간별 이동 경로를 예측해 주는 애플리케이션을 활용해 촬영 위치와 타이밍을 결정해 보세요.

☻ 촬영 위치와 타이밍을 추천해주는 애플리케이션

사람에 따라서 실내에서보다 야외에서 만들어진 모습을 유지하기가 어려울 수도 있습니다. 갑작스러운 일이 많이 생기니까요. 그럴수록 야외 촬영을 할 때는 꾸미지 않은 본연의 모습을 보여주는 것이 좋습니다. 의상이나 메이크업에 신경을 쓰지 말라는 것이 아니라, 스스로와 다른 캐릭터를 꾸며 내는 것을 이야기합니다.

꾸민 모습은 언젠가는 한계를 드러내기 마련입니다. 실제 모습과 만들어진 모습 간의 괴리감으로 괴로운 것은 유튜브 크리에이터 자신이기 때문에, 야외 촬영이 아무리 매력적이라고 해도 크리에이터가 괴로운 모습을 보이면 배경의 아름다움을 모두 담지 못할 수도 있습니다. 야외 촬영에 앞서 내가 내 모습을 얼마나 잘 다룰 수 있는지 미리 생각하는 것도 좋겠습니다.

---

55 "야외촬영 야외방송 잘하는 꿀팁", <유튜브랩 2.0>, 2017.07.14, https://www.youtube.com/watch?v=XRa6byqRf9Y

**스마트폰으로 쇼츠 콘텐츠 촬영하는 법[56]

장비에 대해서도 살펴보았고, 샷의 크기나 앵글, 무빙에 대한 이해도 마쳤습니다. 기본적인 촬영도 하실 수 있습니다. 그럼, 쇼츠 콘텐츠는 카메라를 가로가 아닌 세로로 찍기만 하면 되는 것일까요?

쇼츠 촬영을 잘하는 방법은 '유튜브 애플리케이션'의 기능에 익숙해지는 것이라 할 수 있습니다. 유튜브가 쇼츠를 서비스한 큰 이유 중 하나가 '짧은 영상을 간단하게 제작하고 공유하도록 한다.'입니다.[57] 유튜브를 시청할 때 사용하는 유튜브 애플리케이션을 잘 보세요. 메뉴의 중간에 [+] 버튼이 보일 거예요. 이 버튼이 영상을 업로드 할 수 있는 버튼입니다.

동영상, 쇼츠, 라이브 방송, 게시물 업로드가 가능한 버튼. 기존의 영상을 업로드 하거나 촬영할 수 있다.

영상을 보는 시청자와, 영상을 제작하는 창작자의 구분을 두지 않고 누구든지 유튜브 애플리케이션에서 바로 시청과 콘텐츠 업로드를 바로 할 수 있는 구조입니다. '동영상'에서는 하나의 완성된 영상을 간단한 편집 후 올릴 수 있습니다. 쇼츠 영상도 완성된 하나의 영상이라면 바로 업로드가 가능합니다.

그런데 유튜브 애플리케이션으로 바로 촬영을 하고 싶다면, [Shorts]를 누르면 됩니다. 중간의 [녹화] 버튼으로 바로 촬영이 가능하고, 왼쪽 아래의 [추가] 버튼을 통해 기존에 촬영한 영상을 불러올 수도 있습니다. 아주 간단한 편집이 더해지는 것이지요. 음악을 추가하고 필터나 자막을 넣을 수도 있습니다.

처음 유튜브 애플리케이션에서 쇼츠용 촬영을 할 때는 두 가지만 기억하세요. 1. 가상의 수직/수평 안내선을 생각하며 촬영합니다. 2. 상단의 바(bar)를 보며 영상 촬영 분량을 체크합니다.

쇼츠를 선택하고 촬영한 후 메뉴를 통해 바로 편집이 가능하다.

56 "스마트폰으로 유튜브 촬영 방법", <유튜브랩 2.0>, 2018.03.14, https://www.youtube.com/watch?v=kK1TuZWJf1s
57 "이제 한국에서도 유튜브 쇼츠를 만나보세요.", <YouTube 한국 블로그>, 2021.07.13 https://youtube-kr.googleblog.com/2021/07/shorts-goes-global.html

말하거나, 연결성을 갖는 영상이라면 충분히 촬영하는 것이 좋겠습니다. 하지만 유튜브 애플리케이션에서 바로 촬영하면 자연스럽게 원하는 만큼 영상을 찍기가 어려워요. 이럴 땐 기본 카메라에서 촬영해서 편집하는 편이 훨씬 좋습니다.

화면을 먼저 찍고 다음에 편집하려고 마음먹었다면 역시 기본 카메라로 촬영하는 것이 좋습니다. 영상 촬영이 익숙지 않아서 촬영을 많이 하는 것이 안심되는 경우도 마찬가지입니다. 이럴 땐 쇼츠용 세로모드 영상을 찍을 때 최소 10초 이상의 샷을 여러 개 찍으시라 권하고 싶어요. 다양한 구도와 움직임, 앵글을 시도하되, 10초 이상 30초 내외로 촬영해 두면 편집 프로그램을 쓰든, 유튜브 애플리케이션 자체에서 편집하든 유용합니다. 영상이 모자라거나, 꼭 필요한 영상이 없어 난감한 일이 확 줄어든답니다.

정리하자면, 아주 간단하게 촬영하거나, 쇼츠 촬영에 익숙해졌다면 유튜브 애플리케이션으로 촬영을 권합니다. 촬영을 다양하게 충분히 하고 편집해서 업로드할 예정이라면 기본 카메라 세로모드 촬영을 권하고요.

충분히 촬영 못 했는데 쇼츠 콘텐츠를 만들어야 한다? 당황하지 않으셔도 됩니다. 다른 크리에이터의 쇼츠 콘텐츠의 일부를 '리믹스' 기능을 통해 활용할 수도 있습니다. [58]마음에 드는 영상을 발견하면 오른쪽 하단의 [리믹스] 기능을 누릅니다. [이 동영상 자르기]를 선택하면 영상의 일부를 내 쇼츠 콘텐츠로 활용할 수 있습니다. 여기에 촬영을 더하거나 기존 영상을 더해 활용할 수 있지요.

ⓘ 쇼츠 리믹스

ⓘ 리믹스 메뉴

ⓘ 리믹스 완료

58 "콘텐츠를 리믹스한 YouTube Shorts 동영상 만들기", <YouTube 고객센터>, https://support.google.com/youtube/answer/10623810?hl=ko&co=GENIE.Platform%3DAndroid

리믹스 기능은 다른 크리에이터가 내 쇼츠 영상을 활용하며 콘텐츠의 확장을 노릴 수 있도록 유도하는 기능입니다. 그래서 쇼츠에 내 콘텐츠를 업로드하면 자동으로 리믹스 기능을 쓸 수 있도록 설정이 되어 있습니다. 만약 내 쇼츠 영상을 다른 유튜버가 쓰지 못하게 하고 싶다면, 유튜브 스튜디오 콘텐츠 관리자를 통해 설정을 해제할 수 있습니다. 참고로, 유튜브 제작 도구 외에 영상을 별도로 다운로드 받아 활용하게 되면 저작권 삭제 요청을 받을 수 있습니다. 유튜브가 제공하는 기능 안에서 활용하라는 뜻인 것 같습니다.

**구독자를 늘리는 콘텐츠 예고편 만들기

크리에이터들은 구독자와 떼려야 뗄 수 없는 관계입니다. 크리에이터의 영상 콘텐츠를 사랑해 주는 구독자가 있을 때 비로소 크리에이터가 빛나는 법이니까요. 크리에이터에게 중요한 구독자분들을 끌어들이는 콘텐츠 예고편에 대해서 알아봅시다.

콘텐츠 예고편은 크게 두 가지 형태가 있습니다. [59]첫 번째는 지금 시작하는 영상이 어떤 내용으로 진행될 것인지 알려 주는 것으로, 소위 말하는 인트로 영역에 해당합니다. 두 번째는 채널에서 매우 중요하게 다뤄져야 하는 콘텐츠인 경우를 홍보하는 또 다른 영상을 말합니다. 에기스를 모아 본 영상이 업로드되어 사람들에게 알려지기 전 흥미를 유발하는 영상으로, 영화의 티저와 같은 역할을 합니다. 편의상 인트로 예고편과 티저 예고편으로 부르도록 하겠습니다.

인트로 예고편의 장점은 도입부에 영상이 재밌을 것이라 알려주니, 시청 지속 시간을 길게 해주는 효과를 지니고 있습니다. 인트로 예고편을 만들 때는 그 길이를 5초에서 15초 사이로 잡는 것이 효과적입니다. 아무리 길어도 30초를 넘지 않는 것이 좋습니다. 유튜브 스튜디오에서는 실적과 관련된 분석 내용을 볼 수 있는데요. "시청 지속 시간의 주요 순간"에서 인트로 구간을 30초 전후로 설정하고 있습니

ⓐ 인트로 형태의 예고편

다. 그때까지 시청을 유지하는 사람들을 그래프에서 보여줍니다. 생각보다 시청자들이 인트로 구간에서 이탈을 많이 합니다. "이 영상 재미있겠지?"를 알려주는 구간이 지루하면 혹은 길면 오히려 흥미를 잃고 영상을 다 보지 않고 나가버리는 것입니다.

---

59   "채널예고편 인트로 영상 잘 만들려면?", <유튜브랩 2.0>, 2018.06.18, https://www.youtube.com/watch?v=c05TPFclXWo

그래서 기획 내용의 시작 부분에 반드시 인사를 넣으라고 하는 것이랍니다. 인트로까지만 보고 시청자들이 나가더라도 내 채널의 이름과 크리에이터를 각인시키는 것이지요. 지금, 이 영상은 보지 못하더라도 소재나 장르에 관심이 있거나 흥미로워 보인다면 다음에 볼 수 있도록 구독을 할 수 있거든요.

티저 예고편은 단독 영상이기에 실제 영화 티저 영상처럼 15초에서 30초 길이, 혹은 그보다 더 길어도 괜찮습니다. 티저 예고편 그 자체가 영상 콘텐츠로 받아들여지니까요. 그러나 '예고편이 전부'인 경우가 되지 않도록 신경 써야 합니다.

티저 예고편의 완성도가 높을수록, 조회 수가 높을수록, 본 영상에 대한 기대감이 높아지게 됩니다. 당장 영상이 올라오지 않았다면, 본 동영상을 보기 위해 구독할 확률이 높아지게 됩니다. 그를 위해 티저 예고편은 본편을 볼 수 있게 충분히 자극적이어야 합니다. 여기서 자극은 선정적이거나, 폭력을 뜻하는 것이 아닙니다. 시각, 청각적으로 쉬는 시간이 없도록 화면과 효과음 혹은 배경음악을 몰아치게 구성하거나, 박자감에 맞춰 화면을 화려하게 전환하거나, 사람들이 한 번쯤은 궁금해할 법한 질문을 던지거나, 감정이 드러나는 리액션만을 보여주어 어떤 일이 있었는지 추측하게 하는 등 흥미를 끄는 방식을 활용하자는 뜻입니다.

매번 티저 예고편을 동영상으로 내보내면 효과가 줄어들기 때문에 이벤트성으로 업로드하는 것이 좋습니다. 늘 티저 예고편을 제작하고 싶다면 쇼츠를 활용하는 것도 좋습니다. 쇼츠에 예고편을 올리고 본편을 볼 수 있게 유도하는 것이지요.

어떤 형태의 예고편이든 기억해야 합니다. 예고편만 재미있으면 안 된다는 거예요. 영화 중에서도 예고편이 영화 자체보다 재밌는 경우가 있잖아요? 그러면 관객은 "속았다"는 기분에 휩싸입니다. 예고편 이상의 재미를 줄 수 있도록 영상 제작 과정에 집중해야 합니다. 어떻게 제작하면 좋을지 고민된다고요? 괜찮습니다. 촬영을 다 배웠잖아요? 이제 편집으로 다듬기만 하면 된답니다. 가장 까다로울 것 같다고요? 촬영하셨다면 편집도 쉽게 하실 수 있습니다. 그럼 같이 영상 만들러 가보시죠.

 PART 04

편집하기

촬영을 마치면 그 결과물로 촬영 원본이 생깁니다. 그 영상을 그대로 올려도 재미있는 영상이 될 수 있겠지만, 편집이 더해지면 원본보다 매끄럽고 세련된 영상 콘텐츠로 탈바꿈하게 되지요. 원본보다 더 많은 분께 사랑받을 가능성도 높습니다.

이번 파트에서는 흥미로운 영상 콘텐츠를 만들기 위해 꼭 필요한 핵심 편집 기술만 알차게 뽑아 마련하였어요. 또한, 유튜브 시청자들이 좋아하는 편집의 방법까지 착실하게 준비했습니다. 편집을 하나도 몰라도 누구나 이해하기 쉽고, 누구나 재미있는 영상을 만들 수 있는 편집의 세계로 함께 떠나보실까요?

 ● 실시간

편집의 중요성

같은 영상이라도 편집을 하시는 분이 달라지면 전혀 다른 콘텐츠가 나올 수 있다는 사실, 알고 계셨나요? 똑같이 촬영해도 편집하는 방식에 따라, 편집자의 생각에 따라 다큐멘터리가 예능도 될 수 있어요.

`▶ ▶❚ ◀))` _16:15/17:56_

배경 음악의 중요성[60]

완성된 영상 콘텐츠에서 음악이 빠지면 라면을 먹을 때 김치가 빠진 것처럼 허전한 기분이 듭니다. 김치가 없어도 라면을 먹을 수 있긴 하죠. 영상도 음악 없이 볼 수 있습니다. 하지만 둘이 함께 할 때, 라면도 영상도 더 맛있게 먹고 볼 수 있습니다.

무서운 영화를 더 무섭게 하는 것이 기괴하고 스산한 음악인데요. 이때 발랄하고 활기찬 노래가 배경 음악으로 사용되면 좀비도 귀신도 놀이동산에서 만난 인형 탈처럼 느껴지게 됩니다. 반대로 낭만이 철철 흐르는 아름다운 선남선녀가 데이트하는 화면이라도 긴장감 있는 음악이 깔리게 되면 스릴러 영화처럼 보이게 됩니다. 둘 중 하나가 큰일을 일으키거나 당할 것처럼 느껴지게 되죠.

이처럼 중요한 배경음악이지만 내 맘에 드는 음악을 모두 쓸 수 있는 것은 아닙니다. 저작권이 음악을 창작한 분의 권리를 지키고 있으니까요. 음악은 영상 콘텐츠에서 중요한데 사용이 어렵다면 영상 콘텐츠를 만들기 어렵게 된다는 것을 안 유튜브는 자체적으로 오디오 라이브러리를 운영하여 저작권에서 자유로운 음악을 제공하고 있습니다. 유튜브에서 제공하는 음악을 컴퓨터에 다운로드 받은 후, 사용하는 편집 프로그램에서 다시 활용해 보세요.

---

60 "유튜브 영상 배경 음악의 중요성", <유튜브랩 2.0>, 2017.08.02, https://www.youtube.com/watch?v=bMNCTADYBkA
    "배경음악의 중요성 유튜브 브금 활용법", <유튜브랩 2.0>, 2018.10.05, https://www.youtube.com/watch?v=whLlzBWEd3U

1) 오디오 보관함에서 배경음악 다운로드 받기

01 유튜브에 로그인합니다. 프로필을 눌러 [YouTube 스튜디오]에 들어갑니다.

02 왼쪽 메뉴에서 [오디오 보관함]을 클릭합니다.

03 재생 버튼을 눌러 음악을 들어봅니다. 장르나 분위기, 아티스트, 곡의 길이를 보며 내 영상과 어울리는 음악을 찾습니다.

04 라이선스 유형을 확인합니다.

05 [세부정보 보기]를 라이선스를 확인합니다. 대개 비슷한 내용이지만 음악을 다운로드 할 때마다 라이선스 유형과 세부 정보를 확인하는 습관을 들여 보세요.

06 [추가된 날짜] 아래의 '연도/월' 부분에 마우스를 가져다 댑니다. [오프라인 저장]이 나타나면 다운로드를 할 수 있습니다.

　배경 음악을 고르실 때는 콘텐츠의 분위기와 음악이 얼마나 잘 어울리는지를 중점적으로 듣고 판단해야 합니다. 처음에는 콘텐츠 하나에 배경 음악을 적어도 4~5곡 정도 다르게 적용해 보면서 음악을 신중하게 고르시기를 바랍니다.

　시간이 지나 콘텐츠의 분위기와 음악을 읽어내는 감각이 생기면 오디오 라이브러리에서 단번에 음악을 고를 수 있게 됩니다. 하지만 처음에는 그런 감각이 없으니 여러 곡을 듣고 영상 콘텐츠와 동시에 재생해 보면서 배경 음악을 골라야 합니다.

　예능 위주의 콘텐츠는 밝고 경쾌한 음악을, 진중한 다큐멘터리 콘텐츠나 이슈를 다루는 콘텐츠라면 비장한 음악을 배경 음악으로 활용해 긴장감을 유발하는 것도 좋은 방법입니다. 유튜브랩 콘텐츠의 경우엔 강의가 진중한 분위기로만 흐르는 것을 막기 위해 오히려 경쾌한 음악으로 영상 콘텐츠에 율동감을 더하고 있습니다.

　음악을 고르기가 어렵다면 무난하고 경쾌한 음악 위주로 사용해 보세요. 호불호가 나뉘기 쉬운 장르인 헤비메탈이나 종교 음악은 피하는 것이 좋습니다. 누가 들어도 콘텐츠를 보는 데 불편함이 없는 곡을 선정하세요. 콘텐츠와 어울리는 곡이 가장 좋지만, 만약 곡 선택이 어려우시면 "밝고 행복한 느낌이 드는 음악", "박자감이 잘 드러나는 음악"을 먼저 활용해 보세요.

배경 음악이 없는 경우에는 허전하고 심심한 느낌이 들기 때문에, 아무리 짧은 영상이라도 음악을 넣어 지루할 틈이 생기지 않도록 합시다.

영상 편집 용어 간단 정리

영상 편집에 대한 이해를 돕기 위해 자주 만나게 되는 편집 용어들에 대해 정리해 봅시다. 촬영의 기본 단위인 샷(Shot)을 알아봅시다. 녹화 버튼을 눌러 촬영을

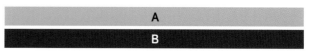
ⓐ Shot, 원본 영상

시작한 후, 다시 녹화 버튼을 눌러 촬영을 마친 영상을 샷이라고 부릅니다. 테이크(Take)라고도 합니다. 아무런 편집을 하지 않은 원본 영상입니다. 우리 책에서는 샷을 '원본 영상'이라고 칭하겠습니다. A와 B는 각각 다른 샷입니다. 총 2개의 다른 원본 영상이 있는 것이지요.

원본 영상에서 편집을 완료하더라도 백업, 그러니까 복제하여 보관하는 것이 안전합니다. 편집을 하다가 방향을 바꾸거나 혹은 잘라 내었던 부분이 갑자기 필요할 때를 대비하는 것입니다. 원본 영상과 편집을 완료한 영상 모두 잘 보관하는 것을 추천합니다.

'소스(Source)'는 우리가 만드는 영상 콘텐츠를 더욱 풍부하게 하는 모든 자료를 지칭하는 말입니다. 원본 영상을 비롯하여 콘텐츠에 재미를 더하는 영상들은 영상 소스, 음악 파일이나 녹음 파일, 효과음은 사운드 소스(Sound source), 사진이나 아이콘, 그 외에 활용되는 이미지들은 이미지 소스(Image source)라고 합니다. 위의 그림에서 A와 B는 원본 영상이면서 동시에 영상 소스가 되겠습니다.

소스를 적절하게 사용하면 콘텐츠가 생기 있고 이해하기 편한 영상이 되지만 너무 많으면 산만해질 수 있습니다. 소스를 사용할 때는 늘 저작권 라이선스를 확인해야 한다는 사실은 몇 번이고 강조해도 지나치지 않습니다.

'컷(Cut)'은 편집의 기본 단위입니다. 필요한 부분을 자르는 것을 컷이라고 하고, 컷으로 잘라 낸 화면을 이어 붙인 편

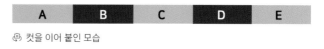
ⓐ 컷을 이어 붙인 모습

집 형태를 '컷 편집'이라 합니다. 원본 영상A와 B를 짧게 '컷'하였고 마찬가지로 원본 영상C, D, E를 잘라 5개의 영상을 이어 붙였습니다.

컷 편집의 형태는 자신이 보고 싶은 것을 바로 볼 수 있게 하는 사람의 시각과 가장 비슷합니다. 그래서 가장 기초적이고 일반적인 편집 방법이라 할 수 있습니다. 컷 편집은 사건의 진행 시간을 압축하거나 영상 전체의 리듬을 빠르게 혹은 느리게도 보여줄 수 있습니다.

'클립(Clip)'은 컷과 컷 사이의 영상이나 사운드 조각을 말합니다. 가끔 '컷'과 컷으로 인해 생긴 '클립'을 동일하게 말하기도 합니다. 위의 그림에서는 A, B, C, D, E 다섯 개의 클립이 있습니다. '인 점(In point)'은 영상 클립이 시작되는 부분이고, '아웃 점(Out point)'은 영상 클립이 끝나는 부분입니다.

'듀레이션(Duration)'은 클립이 재생되는 시간으로 클립이 유지되는 시간을 의미합니다. 듀레이션이 긴 클립끼리 컷 편집을 하면 전체 호흡이 길어지고, 듀레이션이 짧은 클립을 연결한 컷 편집을 하면 전체 호흡이 빠르게 이어집니다.

'신(Scene)'은 동일 시간, 동일 장소에서 전개되는 상황이나 액션 혹은 사건을 말합니다. 한 개 혹은 여러 개의 샷(Shot)으로 구성됩니다. '시퀀스(Sequence)'는 '신(Scene)'들이 모여 구성됩니다. 편집 작업을 한 클립들을 모아 둔 것으로 생각하시면 편리합니다. 시퀀스가 모여 하나의 시퀀스가 되기도 합니다. '프로젝트(Project)'는 편집 작업을 저장하는 파일입니다. 보통 한 개의 시퀀스로 이뤄져 있지만 여러 개의 시퀀스로 구성되는 경우도 있습니다.

'교차 편집(Cross cutting)'은 화면을 번갈아 가며 보여주는 기법입니다. 주로 서로 다른 장소에서 동시에 벌어지는 상

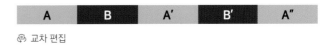
☻ 교차 편집

황이나 인물을 번갈아 보여줍니다. A와 B를 잘라 서로 교차시켜 붙어, 비교나 대비를 극대화할 수 있습니다. 주로 긴장감을 높이는 효과를 만들기 위해 많이 사용됩니다.

교차 편집에서 자주 이뤄지는 기법의 하나가 '오버라이트(Over write)'입니다. 오버라이트는 기존의 영상 위에 영상을 덮어씌우는 편집 기법입니다. 영상1과 2가 B와 C의 자리 위에 그대로 덧씌워져 있습니다. '오버 레이(Over lay)'라고 부르기도 합니다.

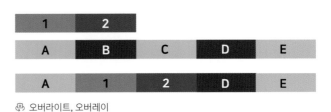
☻ 오버라이트, 오버레이

앞의 영상의 뒤에 영상을 삽입하는 '인서트(Insert)'와는 차이가 있습니다. 보통 인서트는 상황을 강조하기 위해 영상을 끼워 넣습니다. 굳이 없어도 전반적인 상황을 이해하는 데 어려움이 없지만 현장감을 살리고 생생한 표현을 위해 넣는 경우가 많습니다.

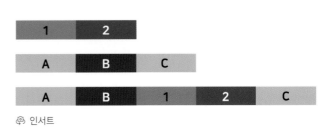
☻ 인서트

'리프트(Lift)'는 필요 없는 화면을 선택해서 들어내는 편집입니다.

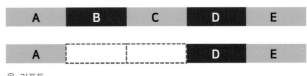
☻ 리프트

'익스트랙트(Extract)'는 필요 없는 화면을 선택하여 들어낸 후 뒤에 있는 클립을 이어 붙이는 편집입니다. 즉, 리프트 후에 뒤 영상을 이어 붙이는 것이지요.

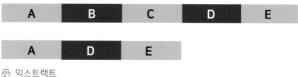
🐱 익스트랙트

기본적으로 많이 사용되는 용어를 알아보았습니다. 이 외에도 다양한 편집 용어들이 있습니다. 그 어휘들을 처음부터 다 외우려고 하기보다는 유튜브 콘텐츠를 만들며 하나하나 배워가는 것을 추천합니다. 처음부터 편집을 완벽하게 해내려고 하면 이내 지치기 쉽습니다. 유튜브 콘텐츠를 계속 발행하기 위해서라도 편집의 재미를 놓치지 않기 위해서라도 한 발 한 발 나가기를 권합니다.

컷 편집 꼭 해야 하는 이유 [61]

유튜브에 영상을 올려서 시청 시간을 최대한 확보하기 위한 첫 번째 전략은 바로, 컷 편집을 하는 것입니다. 편집을 거치지 않은 원본 영상을 그대로 올린다고 해서 조회수가 낮아지거나, 채널이 성장하지 않는 것은 아닙니다. 하지만 시청자가 영상을 볼 때 흥미도가 떨어질 수도 있습니다. 원본 자체가 지루할 틈이 없다면 그대로 올려도 괜찮습니다. 그러나 대부분의 원본 영상에는 실수나 말을 버벅대는 부분, 흐름을 방해하는 멘트나 장면처럼 필수적으로 잘라야 할 요소들이 있습니다.

이 부분을 제거하지 않고 그대로 올리는 것은, 마치 시청자들에게 매우 큰 바게트를 입 속으로 마구 밀어 넣는 것과 같습니다. 자르지 않은 바게트를 있는 그대로 넣는다면 한두 번 정도는 씹을 수도 있겠지요. 하지만 이물감과 답답함 때문에 곧 뱉어낼 가능성이 높습니다.

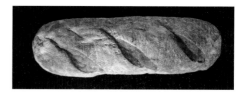
🐱 원본 영상과 같은 큰 빵 한 덩이

마찬가지로 지루한 부분, 덜 흥미로운 화면이 영상 속에서 반복된다면, 내 영상을 보는 분들은 이물감과 답답함을 느끼고 다른 영상을 찾아가게 될 것입니다. 유튜브에는 내 영상을 대체할 수많은 영상이 있으니까요.

긴 바게트와 같은 원본 영상을 시청자가 보기 좋게 제공하는 것이 컷 편집의 기본 이해입니다. 컷 편집은 단순하게 컷을 잘라서 필요 없는 부분을 버리는 것만 있는 것은 아닙니다. 컷과 컷을 잘라 순서를 바꾸어 다른 메시지를 만들 수도 있고, 동일한 컷을 반복하여 말하고자 하는 바를 강조할 수도 있습니다.

🐱 조각으로 나뉘어 한입에 먹기 편리하듯, 컷 편집을 하여 보기 편한 상태

---

61 "컷편집 꼭 해야 하는 이유", <유튜브랩 2.0>, 2018. 8. 31., https://www.youtube.com/watch?v=EXxIOIgL1XE

조금만 응용하면 A 메시지를 담은 원본 영상을 B 메시지를 지닌 영상으로 바꿀 수도 있습니다. 편집 단계에서 컷 편집을 반드시 선행해야 하는 이유가 여기 있습니다. 전하고자 하는 메시지를 잘 전달할 수 있는 가장 편리하면서도 강력한 편집이 컷 편집이기 때문입니다.

간혹 이런 분들이 있습니다. "저는 말을 잘하기 때문에 컷 편집이 필요 없어요. 그냥 말 자체가 술술 잘 나오니 컷 편집을 하지 않아도 사람들이 영상을 재미있게 볼 거예요." 이 생각은 조금은 위험한 생각입니다. 영상을 재미있게 볼 것인가 아닌가는 창작자가 아니라, 시청자에게 먼저 물어야 합니다. 기준 유튜브의 기본 전략 컷 편집만 한다고 해서 영상 편집의 모든 것을 다 하는 것은 아닙니다. 하지만 컷 편집만 해줘도 영상의 재미가 올라갑니다.

컷 편집의 종류에는 화면은 변화되지만, 내용이 계속 진행되는 '내용 컷', 행동의 중간에서 컷이 바뀌는 '액션 컷', 등장인물의 시선 방향과 시점의 각도를 따르는 '시점 컷', 동일 인물 혹은 비슷한 모양의 사물이 등장하는 화면이 다른 비슷한 사물로 전환되는 '매치 컷' 등이 있습니다.

컷 편집에서 화면이 자연스럽게 이어지기 위해서는 '20% 규칙'을 기억하시면 편리합니다. 20% 이내로 화면의 크기와 카메라 앵글의 변화를 두는 것이 20% 규칙입니다. 불안한 상황을 만들기 위해서 그 이상의 차이를 두는 컷 편집도 존재하니 무조건 이 규칙을 지킨다기보다는 상황에 알맞게 어떻게 활용하면 좋을지 생각하는 것이 좋습니다.

영상 재밌게 편집하는 법

아래에 첨부한 유튜브랩 영상 강의를 참고하시면 편집에 대한 이해가 더욱 높아지실 거예요.[62]

컷 편집 이후에 진행되는 편집이 바로 효과 편집입니다. 컷 편집만 해도 영상의 맥락이 잡히기 때문에 영상에서 메시지는 확실하게 전달됩니다. 영상의 흐름에는 문제가 없지만 시청자들의 입장에서는 유튜브 콘텐츠가 심심하게 느껴질 수 있습니다.

⊕ 영상 재미있게 편집하는 법 영상 강의

---

62 영상 재밌게 편집하는 법, <유튜브랩 2.0>, 2018.09.07, https://youtu.be/lp8sQ2KlWFg

영상의 특정 부분을 강조하거나 부각하고 싶을 때 효과를 넣어 주면, 그 심심한 부분을 재미있게 바꿀 수 있습니다. 바게트만 먹어도 담백하게 맛을 즐길 수 있지만, 잼이나 치즈 혹은 크림 등 다양한 부재료가 더해지면 더 맛있게 즐길 수 있는 것과 같은 이치입니다.

😋 소스와 토핑으로 더욱 먹음직스러워진 것처럼,
효과 편집을 하면 더 흥미로워지는 영상

그렇다면 언제 어떤 상황에서 어떤 방법으로 효과 편집을 활용하면 상황이나 감정을 극대화할 수 있는지 알아봅시다.

첫 번째 방법은 확대를 활용한 편집입니다. 여러분이 영상 중에 강조하고 싶은 단어가 있거나 특정 상황을 순식간에 강조하고 싶다면, 그 순간만큼만 화면을 확대하세요. 예를 들어 썸네일이라는 글자를 강조하고 싶다면, 일정하게 화면을 구성하기보다 내가 강조하고 싶은 단어가 등장할 때 화면을 순간적으로 확대하여 해당 부분을 더욱 눈에 띄게 할 수 있습니다.

😋 일반적인 흐름의 영상

😋 화면을 확대하여 강조

두 번째로 감정표현을 극대화하고 싶다면 색을 활용하세요! 예를 들어 크리에이터가 매운 음식을 신나게 먹다가 갑자기 매워하는 장면에서 빨간 색상을 화면 가득 넣어보세요. 시청자들이 훨씬 몰입하여 상황을 즐길 수 있습니다.

⊕ 아무 효과도 넣지 않은 화면

⊕ 빨간 색상과 불 모양의 이미지, 빨간색 자막을 더한 화면

세 번째로 외부 소스를 활용한 편집 방법이 있습니다. 영상 소스, 이미지 소스, 음악 소스를 활용하여 영상을 다채롭게 구성할 수 있습니다. 외부 소스를 잘 활용하려면 영상 전체의 흐름에서 정보를 열거하거나 쉽게 떠올릴 수 없는 개념을 시각화, 청각화 하는 형태로 이용하는 것이 중요합니다.

너무 많은 외부 소스를 활용하게 되면 영상 전체가 난해하게 느껴질 수 있습니다. 편집하는 도중에 처음부터 끝까지 영상을 재생하여, 흐름에 방해가 되는 소스가 있는지 확인하며 편집하는 것이 좋습니다.

영상에 자막을 써야 하는 이유와 상황별 자막 사용법

아래에 첨부한 유튜브랩 영상 강의를 참고하시면 편집에 대한 이해가 더욱 높아지실 거예요![63]

컷 편집과 효과 편집에 자막이 더해지면 유튜브 콘텐츠의 완성도가 높아집니다. 이 부분에 대해 초보 유튜브 크리에이터분들도 잘 알고 계시지만, 자막을 다는 일이 매우 번거롭기 때문에 그냥 넘어가는 경우도 자주 보고 있습니다.

⊕ 자막 삽입 이유와 상황별 자막 활용법 강의

---

63 "영상에 자막 써야 하는 이유와 상황별 자막 사용법", <유튜브랩 2.0>, 2018.09.21, https://youtu.be/-6iPJfFYNDU

콘텐츠가 좀 더 좋아질 것이라고 막연히 생각하시는 분들을 위해 콘텐츠에 자막을 더해야 하는 이유와 자막을 어떻게 더하는 것이 효과적인지 말씀드리고자 합니다.

콘텐츠에 자막을 더해야 하는 첫 번째 이유는 자막이 있으면 영상의 내용을 조금 더 자세하게 전달할 수 있기 때문입니다. 유튜브 콘텐츠는 기본적으로 시각적 콘텐츠입니다. 시각적 요소인 자막이 화면 속에 더 배치된 것만으로도 콘텐츠의 내용을 훨씬 이해하기 쉬워집니다.

자막은 영상의 메시지를 주목하게 만드는 힘이 있습니다. 또한 주변 환경이나 상황에 대한 부연 설명도 자막으로 곁들일 수 있는데요. 출연진의 이름을 자막으로 알리기도 하고, 콘텐츠의 제목을 알려줄 수도 있습니다. 콘텐츠가 진행되는 상황에 대해서 정보를 제공하기도 합니다. 이를 통해 콘텐츠를 더욱 명확하게 이해할 수 있도록 돕습니다.

⊕ 자막이 없는 화면

⊕ 자막이 더해진 화면

등장인물의 행동이나 표정에 알맞은 자막이라면 캐릭터가 지닌 감정을 전달하는데도 큰 효과를 볼 수 있습니다. 불필요한 오해의 소지를 줄이는 데도 상당한 도움이 되기에 자막을 쓰는 것이 유튜브 크리에이터에게 이롭습니다.

자막을 써야 하는 두 번째 이유는 음성이 없는 상황에서도 콘텐츠를 이해할 수 있기 때문입니다. 이는 굉장히 매력적인 이유가 될 수 있습니다. 대부분의 시청자는 유튜브의 소리를 켠 채 즐깁니다. 하지만 그렇지 않은 경우도 제법 빈번하게 존재합니다. 예를 한 번 들어볼까요?

스마트폰으로 유튜브를 즐기는 경우에 이어폰을 이용하는 분들이 많으신데요. 그렇지만 이어폰을 스마트폰에 연결하는 일이 귀찮게 여겨지는 상황이 생기기도 합니다. 대표적인 경우가 출퇴근 시간의 지옥철입니다. 사람이 많아 발 디딜 틈 없는 지하철이나 버스 안에서는 이어폰 줄이 꼬이거나 다른 사람의 가방, 머리카락, 옷깃에 걸리는 일이 잦습니다. 블루투스 이어폰의 경우도 다른 승객과 부딪혀 떨어지는 일이 생기기도 하지요. 그래서 대중교통을 이용할 때 이어폰을 꺼내지 않고도 영상 콘텐츠의 내용을 이해할 수 있다면 시청자가 편리하게 내 영상을 즐길 수 있게 됩니다.

혼잡한 시간에 교통을 이용할 때가 아니더라도 이어폰 없이 조용히 영상을 시청하고 싶을 때나 다른 사람들을 방해하지 않으면서 시간을 보내야 할 때, 자막이 편리함을 제공할 수 있습니다. 소리가 없어도 자막이 있으면, 영상의 내용을 파악하고 콘텐츠의 맥락과 메시지를 확실히 전달받을 수 있습니다.

또한 청각이 약하거나, 듣는 것에 불편함을 느끼시는 분들에게도 자막은 콘텐츠를 시청하는 데 도움이 됩니다. 실제로 청각 장애인분들이 영상에 자막이 있는 경우 이해에 도움이 된다며 알려주시기도 하였습니다. 어떠한 상황에 처한 시청자라도 내가 만든 콘텐츠를 보고 즐긴다면 그들을 위한 자막의 순기능을 적극적으로 활용할 필요가 있습니다. 그게 내 유튜브 콘텐츠를 봐주시는 시청자분들께 드리는 작은 감사의 보답이 될 수 있기 때문입니다.

세 번째 이유는, 단순한 영상에서 오는 지루함을 줄일 수 있다는 것입니다. 별도의 자막 없이 말로만 콘텐츠를 채우면 지루함이 훨씬 높을 가능성이 있습니다. 시각 매체의 빈 곳을 자막으로 더하면 볼거리가 늘어나는 효과를 얻을 수 있습니다.

이렇게 써야 할 이유가 충분한 자막, 자막의 종류에는 어떤 것이 있고 어떤 상황에 써야 알맞을까요? 우리가 사용할 수 있는 기본 자막은 상황과 감정을 전달하고 강조해 주는 '포인트 자막'과, 영상 전체의 설명을 돕는 '바 자막'이 있습니다.

포인트 자막의 경우는 전체 흐름을 설명하기보다는 순간적인 부분에 맞춰 사용하면 더욱 재미있게 정보를 알려줄 수 있는 자막인데요. 콘텐츠의 내용을 안내하거나 장소와 시간 등을 알려줄 때, 등장인물이 지닌 감정이나 상태를 시청자들에게 전달할 때 사용합니다.

주로 형형색색의 다양한 색상을 활용하고 자막의 글자 크기도 자유롭게 변형합니다. 폰트라고 하는 글씨의 형태도 다양하게 활용합니다.

ⓨ 포인트 자막

'바 자막'은 자막이 바(Bar) 위에 올라간 자막으로 영상의 처음부터 끝까지의 맥락과 내용을 직접적으로 설명하는 자막입니다. 등장인물의 말을 그대로 쓰는 대사 자막이라 '말 자막'이라고도 합니다. 바 자막은 소리가 잘 들리지 않을 때는 물론, 등장인물의 발음이 정확하지 않거나 보는 사람이 이해하기 어려울 경우, 외국어일 경우 등 다양하게 활용이 가능합니다. 꼭 바 위에 올라가 있지 않아도 읽는데 부담스럽지 않게 단색으로 이뤄져 있고 글씨의 크기도 동일하게 유지한다면 바 자막으로 보아도 무방합니다.

ⓐ 바 자막, 말 자막

바 자막은 편집 프로그램을 이용해 영상 콘텐츠 안에 넣을 수도 있고 유튜브 자체 기능인 자막 삽입 기능으로 사용할 수도 있습니다. 콘텐츠에 따라 다르겠지만 전반적인 이해를 돕고 싶다면 영상 편집 시 바 자막을 사용하는 것이 좋겠습니다.

콘텐츠의 특성을 파악하고 유튜브 크리에이터가 콘텐츠를 보여주고자 하는 대상과 콘텐츠의 기획 의도에 맞게 바 자막과 포인트 자막의 비율을 적절히 섞어 사용하는 것이 제일입니다.

 CHAPTER 02

편집 실전 편

초등학생 친구들부터 70대 어르신 분들도 누구나 쉽게 편집할 수 있는 편집법을 알려드릴게요. 오프라인 강의를 통해 몇 번이나 수정과 확인을 거듭한 핵심 편집법 공개합니다. 이제 편집쯤이야 누워서 떡 먹기가 될 거예요!

▶ ▶️ 🔊 16:15/17:56　　　　　　　　　　　　　　　 ◑▶ ▭ ▬ ⛶

편집하는 순서가 있을까?

콘텐츠의 편집에 대해서, 그리고 그 편집이 왜 필요한지에 대해 알아보았습니다. 이제는 본격적으로 편집 실습에 들어가기 전에 기본적인 편집 순서를 가볍게 훑고 갈 예정입니다. 편집 순서를 정해놓으면 체계적이고 정돈된 작업을 진행할 수 있습니다. 그 결과로 편집에 들어가는 시간을 많이 줄일 수 있습니다.[64]

편집의 순서는 유튜브 크리에이터에 따라 달라질 수 있습니다. 알려드리는 순서는 존재하는 단 하나의 정답이 아니라, 저의 경험을 바탕으로 처음 편집하시는 분들께 방향을 제시하는 여러 해답 중 하나라는 것을 꼭 기억하세요.

❶ **영상 선별하기**: 촬영한 영상 중에 편집할 영상을 고릅니다. 기획 후에 촬영을 했지만, 불필요한 샷(원본 영상)이 있는지 확인합니다.

❷ **편집의 큰 그림 그리기**: 선택한 영상들을 처음부터 끝까지 재생을 해봅니다. 어느 부분에서 자를 것인지, 어떤 효과를 주는 것이 좋을 것인지, 소스는 얼마나 구해야 할지, 어떤 느낌의 배경음악을 준비해야 할 지 등과 같은 편집의 큰 그림을 그립니다.

기획 구성안의 내용을 토대로 원래의 기획 의도를 벗어나지 않는지 틈틈이 확인합니다. 물론 이 단계에서 처음 기획했던 방향과 내용이 달라질 수도 있습니다.

---

64 "영상편집 할때 알아야 할 순서!", <유튜브랩 2.0>, 2018.11.02, https://youtu.be/PsBIXz4Xb94

❸ **컷 편집하기**: 이제는 컷 편집을 통해 길이를 손볼 차례입니다. 앞서 수립한 편집의 큰 그림을 토대로 불필요한 부분을 도려내고 영상 순서를 재정립합니다. 메시지를 완성해 나가는 단계가 바로 이 단계입니다.

❹ **전환 효과 넣기**: 컷이 자연스럽게 이어지도록 전환 효과를 넣습니다. 강조하고 싶은 부분이나 꼭 보여주고 싶은 부분에서 새로운 전환 효과를 넣을 수도 있습니다.

❺ **효과 편집**: 영상과 이미지 소스를 더해 효과 편집을 합니다. 시각적인 부분을 더해주어 콘텐츠 화면 구성을 다채롭게 합니다.

❻ **자막 편집**: 자막을 더하여 부족한 설명을 채워주고 시청자의 이해를 돕는 데 신경 씁니다.

❼ **배경 음악 넣기**: 이제는 청각적인 요소를 더할 차례입니다. 배경 음악을 넣어 콘텐츠의 전반적인 분위기를 만들어 주는 단계입니다.

❽ **효과음 넣기**: 효과음을 통해 사람들의 집중도를 높여주는 단계입니다. 긴장감을 고취시켜 영상을 끝까지 보게 하는 힘을 넣습니다.

❾ **음성 평준화**: 영상 속에 녹음된 음성의 크기나 빠르기 등을 평준화해 줍니다. 효과음이나 배경음악에 목소리가 묻히지 않는지 확인합니다.

❿ **프로젝트 파일 저장**: 모든 편집의 과정이 끝나면 프로젝트 파일을 저장합니다. 프로젝트를 저장해 두면 나중에 수정할 사항이 생겼을 때 처음부터 편집을 다시 시작하지 않아도 됩니다.

⓫ **편집 완료와 저장**: 내보내기를 통해 영상을 추출합니다. 편집한 내용을 결과물로 뽑아내는 단계입니다. 내보내기 이후 원본 영상과 소스들, 프로젝트 파일, 편집을 완료한 영상이 모두 잘 저장되어 있는지 확인합니다.

블로 VLLO 시작하기

편집 프로그램의 종류는 매우 다양합니다. 유튜브 크리에이터분들은 주로 '어도비 프리미어 프로(Adobe Premiere Pro)'나 '파이널 컷 프로(Final Cut Pro)'를 사용하지만, 최근에는 스마트폰 애플리케이션을 통해 편집하시는 분들도 늘어나고 있습니다. 영상의 퀄리티를 결정짓는 것은, 어떤 프로그램을 사용하는지보다, 편집자가 어떻게 기능을 활용할 것인지에 따라 달려 있습니다.

'블로 VLLO(이하 블로)'를 선택한 이유는 아이폰이든 안드로이드이든 어떤 스마트폰에서도 사용할 수 있기 때문입니다. 또한 워터마크가 없고, 직관적인 편집이 가능합니다. 구글 플레이 스토어나 앱 스토어에서 블로를 다운로드 받으시고 블로 애플리케이션을 열어보세요. 편집 프로그램을 연 순간, 이제 여러분이 곧 편집자입니다.

다운로드에 앞서 기존에 사용하던 애플리케이션을 종료합니다. 스마트폰 편집 시에도 사용 중인 애플리케이션을 종료하시고 사용하는 습관을 들여보세요. 편집 중 느려지는 현상이 현저하게 줄어 듭니다.

1-1) 사용 중인 애플리케이션에서 빠져나오기 (아이폰)

01 사용 중인 애플리케이션의 하단에 손을 터치하고 위로 올려줍니다.

02 애플리케이션 화면이 작아지면 애플리케이션 상단의 손을 터치하고 위로 올려줍니다. (애플리케이션 하단에 손을 터치하고 위로 올려주어도 같은 효과를 볼 수 있습니다.)

1-2) 사용 중인 애플리케이션에서 빠져나오기 (안드로이드)

01 사용 중인 애플리케이션의 하단에 손을 터치하고 위로 올려줍니다.

02 왼쪽의 [사각형] 버튼을 터치합니다. 스마트폰에 따라서 [줄]모양의 버튼일 수 있습니다.

03 애플리케이션이 작아지면 [모두 지우기]를 선택합니다. ([모두 지우기]가 없으면, 애플리케이션 상단을 터치하고 위로 올리면 애플리케이션이 종료됩니다.)

2-1) 블로 다운로드 (아이폰)

01 앱 스토어(App Store)'를 선택합니다.

02 '블로'를 검색하여 다운로드 받습니다.

2-2) 블로 다운로드 (안드로이드)

01 '플레이 스토어(Play 스토어)'를 선택합니다.

02 '블로'를 검색하여 설치합니다.

3) 프로젝트 생성하기

01 블로를 시작합니다.
- 스마트폰 제조사, 기기, 업데이트 등에 따라 메뉴의 이름이나 위치, 화면이 조금씩 다를 수 있습니다.

02 이용 안내가 나타나면 [확인]을 누릅니다.

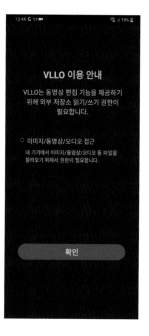

03 엑세스에 관한 안내가 나오면, [허용]을 터치합니다.

04 블로가 실행 중입니다.

05 첫 화면이 나타납니다. 왼쪽 위의 [설정] 버튼을 누르면 '도움말', '튜토리얼' 등 유용한 기능이 나타납니다. 2번째 화면은 안드로이드 스마트폰, 3번째 화면은 아이폰입니다. 앞서 밝혔듯이, 기기나, 운영 체제, 업데이트 현황, 프리미엄 이용(유료 버전)에 따라 화면이 조금씩 다를 수 있습니다. 왼쪽 위의 [돌아가기] 버튼을 터치하고, 첫 화면으로 돌아갑니다.

🖱 기본 첫 화면   🖱 안드로이드 설정 메뉴   🖱 아이폰 설정 메뉴

06 아래의 [새 프로젝트]를 눌러주세요.

- 프로젝트란 '영상 편집 작업 공간'이라 생각하시면 됩니다. 영상이 빵이면, 빵을 자르고 소스를 바르는 도마라 생각하시면 편리합니다.

- 프로젝트에서 영상을 편집해도, 영상의 원본에 영향을 주지 않습니다. 편집이 끝난 후, [추출하기]를 누르면 원본과 별도의 편집된 영상이 따로 저장됩니다.

07 '미디어 선택하기' 화면이 나타납니다. [비디오]를 터치합니다. 비디오만 화면에 나타나기 때문에 편집할 영상을 선택하기 쉽습니다.

08 편집할 영상을 터치합니다. 아래 빈칸에 선택한 영상들이 나타납니다. 확인 후 [>] 버튼을 눌러 다음으로 넘어가 주세요.

09 경고가 나오면 당황하지 마시고 [확인]을 터치합니다.

사용한 영상이나 이미지를 갤러리에서 삭제하지 말라는 내용입니다. 갤러리에서 원본 영상과 사진을 삭제하면 블로에서 편집할 수가 없기 때문이에요.

10 설정 화면에서 [제목 없음]을 손으로 터치합니다.

11 키보드가 나타나면 원하는 이름을 씁니다.

저는 '유튜브 기록의 중요성'이라고 적어보았습니다. 키보드 오른쪽 위의 [체크] 버튼을 클릭하면 이름 변경이 완료됩니다.

12 프로젝트 제목이 바뀐 것을 확인합니다.

유튜브에 올릴 동영상을 편집하기 때문에 화면 비율을 16:9로 선택합니다.(세로로 촬영한 영상은 9:16 비율을 선택합니다.)

영상 배치는 [끼움]을 선택합니다.

[프로젝트 생성하기]를 누릅니다.

블로 VLLO로 컷 편집하기

가장 기본적이고 중요한 편집은 바로 컷 편집입니다. 이해하기 쉽게 영상의 순서를 정하고, 불필요한 부분을 잘라내는 컷 편집을 통해 영상을 다듬으면 컷 편집만으로도 훌륭한 콘텐츠가 되기도 합니다.

아무런 편집을 하지 않은 영상을 '원본', 편집을 한 영상을 '편집본', 완벽하게 편집이 끝나 업로드만 남은 상태를 '완성본'이라고도 합니다. 해외로 보내거나, 과거 영상에 새로 자막을 입히기 위해 모든 편집이 끝나고 자막만 제거한 영상을 '클린본'이라고 하는데요. 때에 따라서는 컷 편집까지 끝난 영상을 '클린본'이라고도 합니다.

원본 영상을 편집본으로 만드는 첫 발걸음을 시작해 봅시다.

1) 편집 화면 이해하기

프로젝트를 생성하면 편집 화면이 나타납니다. 편집화면을 이해해 봅시다.

❶ **모니터**: 영상을 재생되는 공간입니다. 편집이 잘 진행되고 있는지 확인하는 역할을 합니다. 화면 속 영상이나 이미지의 크기를 변경하거나, 자막의 위치, 자막의 크기를 바꿀 때는 모니터에서 편집합니다.

❷ **재생 버튼**: 영상을 재생하는 버튼입니다.

❸ **영상 시간 표시**: 영상 시간이 두 개로 나타나는데, 앞의 시간은 '플레이 헤드(지시선)'이 위치한 지점을 나타냅니다. 뒤의 시간은 영상의 총길이를 나타냅니다. 지금 화면에서는 플레이 헤드가 맨 앞에 있기 때문에 00:00초가 나오고, 영상의 총길이는 5분 14초라고 알려주네요.

❹ **타임라인**: 타임라인(Timeline)은 실질적으로 편집이 되는 공간입니다. 영상, 이미지, 자막, 배경음악 등의 소스가 나타나고 순서대로 보이는 공간이기도 합니다.

❺ **플레이 헤드, 지시선**: '플레이 헤드(Play head)', '인디케이터(Indicator)', '인디케이터 바(Indicator Bar)' 라고도 합니다. 섞어서 '재생 헤드', '지표' 등으로 불립니다. 영상을 재생시키면 지시선이 움직이며 타임라인에 위치한 소스 위를 지나갑니다. 편집할 때 정확한 지점을 지정하는 역할을 합니다.

❻ **대 메뉴**: 정확한 명칭은 '데코 메뉴바'라고 합니다. 편집할 때 필요한 소스들을 카테고리별로 정리한 메뉴입니다. 편의상 대메뉴라고 부르겠습니다.

❼ **소 메뉴**: 대 메뉴의 각 카테고리를 누르면 그에 맞춰 세부적인 메뉴가 나타납니다.

편집 화면에 나타난 메뉴들을 자주 보며 익숙해지세요. 편집을 잘하는 가장 좋은 방법이랍니다.

2) 영상 순서 바꾸기

01 영상을 재생합니다. 삭제할 영상이나 순서를 바꿀 영상이 있는지 확인합니다.

02 '스토리보드' 버튼을 누릅니다. 여기서 영상을 삭제, 순서 변경, 복제를 할 수 있습니다.

03 '스토리보드' 화면입니다. 순서를 바꾸고 싶은 영상을 선택합니다. 꾹 누른 다음, 원하는 위치로 옮깁니다.

04 7번이었던 영상이 1번의 위치로 바뀐 것을 확인할 수 있습니다.

05 삭제할 영상을 선택합니다. 저는 11번 영상을 선택했습니다. 그 후, 하단의 [삭제] 버튼을 누릅니다.

06 삭제 안내가 나오면 [삭제]를 터치합니다.

07 영상 순서를 재배치하고, 삭제가 끝이 나면, [체크] 버튼을 눌러 완료합니다.

3) 영상 앞부분 자르기

01 본격적으로 컷 편집을 시작합니다. 편집할 영상을 타임라인에서 터치합니다. 선택된 영상은 모니터에서는 초록색 테두리가, 타임라인에서는 흰색 테두리가 생깁니다.

02 지시선을 영상의 자르고 싶은 부분까지 가지고 갑니다. 그리고 [여기부터] 버튼을 누릅니다. 영상의 처음부터 지시선이 위치한 영역까지 삭제됩니다.
- 영상이 지시선을 기준으로 '여기부터 시작한다는 뜻입니다.

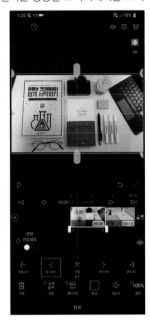

03 영상의 앞부분이 잘린 것을 확인합니다. [완료]를 눌러 마무리합니다.

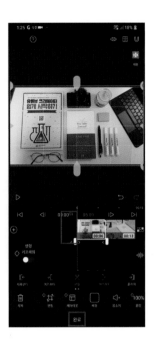

4) 영상 뒷부분 자르기

01 편집할 영상을 타임라인에서 터치합니다. 선택된 영상은 모니터에서는 초록색 테두리가, 타임라인에서는 흰색 테두리가 생깁니다.

02 지시선을 영상의 자르고 싶은 부분까지 가지고 갑니다. 그리고 [여기까지] 버튼을 누릅니다. 지시선이 위치한 지점부터 영상의 끝 영역까지 삭제됩니다.
- 영상이 지시선을 기준으로 '여기까지'만 남겨둔다는 뜻입니다.

03 영상의 뒷부분이 잘린 것을 확인합니다. [완료]를 눌러 마무리합니다.

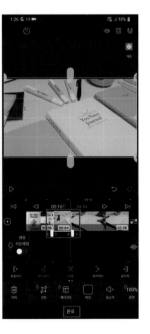

5) 영상 중간 부분 자르기

01 편집할 영상을 타임라인에서 터치합니다. 선택된 영상은 모니터에서는 초록색 테두리가, 타임라인에서는 흰색 테두리가 생깁니다.

02 중간 부분을 없애고 싶을 때는 정확하게 어디서부터 어디까지를 없애고 싶은지 정해야 합니다. 지시선을 영상의 자르고 싶은 구간의 시작에 둡니다. 그리고 [분할]을 누릅니다.

저는 33초 영상의 13초부터 25초까지 중간의 12초를 없애려고 합니다. 그래서 13초 부근에 먼저 지시선을 두고 분할 버튼을 눌렀습니다.

03 영상이 2개로 나뉘어진 것을 확인합니다.

04 지시선을 영상의 자르고 싶은 구간의 끝에 둡니다. 다시 [분할]을 누릅니다.

저는 33초 영상의 13초부터 25초까지 중간의 12초를 없애려고 합니다. 그래서 이번에는 25초 부근에 지시선을 두고 분할 버튼을 눌렀습니다.

05 영상이 3개로 나뉘어진 것을 확인합니다. 중간 영상을 선택하고 [삭제] 버튼을 누릅니다.

06 중간 영상이 사라진 것을 확인합니다. [완료]를 눌러 마무리합니다.

이제 기본적인 컷 편집은 모두 끝이 났습니다. 이 과정을 반복하여 꼭 필요한 부분, 재미있는 부분만을 남겨보세요.

블로 VLLO 영상 편집하기

1) 화면 크기 바꾸기

01 편집할 영상을 타임라인에서 터치합니다. 선택된 영상은 모니터에서는 초록색 테두리가, 타임라인에서는 흰색 테두리가 생깁니다.

02 모니터 위에 엄지와 검지를 올립니다. 화면을 모으는 제스처를 취하면 영상 화면의 크기가 줄어듭니다. 화면 크기를 키우고 싶으면 [↔] 버튼을 밖으로 당깁니다.

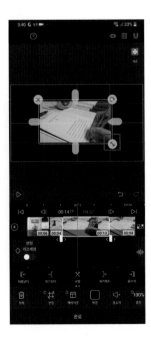

03 원하는 크기가 되면 하단의 [완료]를 눌러 마무리합니다.

2) 전환 효과 넣기(트랜지션)

01 영상과 영상 사이의 [·] 버튼을 터치합니다. 전환효과 메뉴가 나타납니다.

02 가장 대중적으로 사용하는 전환 효과는, [기본] 탭을 누르면 나타납니다. "디졸브"는 앞의 영상과 뒤의 영상이 겹쳐지며 바뀌는 효과입니다. 자연스러운 전환 효과입니다. 다른 탭들을 눌러가며 내 영상과 어울리는 느낌의 전환 효과를 넣어보세요.

03 [그래픽] 탭에서 화려한 전환 효과를 넣었습니다. [·] 버튼이 초록색으로 변하면 하단의 [완료]를 터치합니다.

3) 영상 소리 조절하기

01 영상의 소리를 조절할 영상을 타임라인에서 터치합니다. 선택된 영상은 모니터에서는 초록색 테두리가, 타임라인에서는 흰색 테두리가 생깁니다. 하단 메뉴의 [음량] 버튼을 누릅니다.

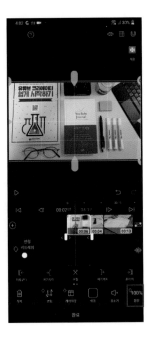

02 조절 [휠]을 돌려서 원하는 음량을 맞춥니다. 100%에서 소리를 줄일 수도 높일 수도 있습니다. 원하는 소리 크기가 확정되면 [완료]를 누릅니다.

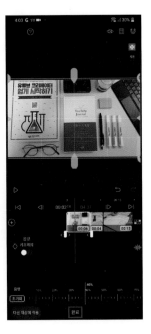

03 영상의 소리를 완전히 없애고 싶으면 [음소거]를 터치합니다.

04 [음소거] 버튼이 초록색으로 바뀐 것을 확인합니다. [완료]를 눌러 마무리합니다.

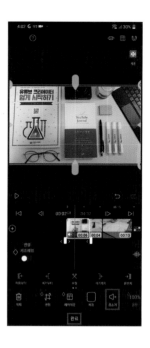

4) 영상 속도 조절하기

01 속도를 조절할 영상을 타임라인에서 터치합니다. 선택된 영상은 모니터에서는 초록색 테두리가, 타임라인에서는 흰색 테두리가 생깁니다. 메뉴를 오른쪽에서 왼쪽으로 밀면, 새로운 메뉴 버튼이 나타납니다. [배속] 버튼을 누릅니다.

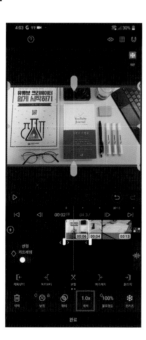

02 원하는 배속을 선택합니다. [완료]를 눌러 마무리합니다.

블로 VLLO 오디오 편집하기

1) 배경음악 삽입하기

01 지시선을 기준으로 음악이 들어가기 때문에, 영상 처음부터 배경음악이 나오게 하려면 지시선을 전체 영상의 맨 앞으로 가지고 옵니다. 시간 표시가 '00:00'이 된 것을 확인합니다.

02 [배경음악] 버튼을 누릅니다.

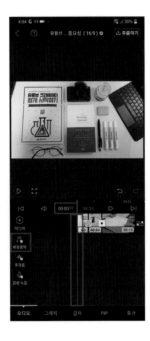

03 저작권을 확인해 봅시다.

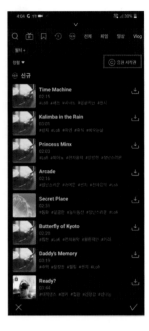

04 블로의 음악은 상업적 이용이 가능하고, 유튜브 영상에 사용해도 괜찮습니다. 저작권 안내는 자주 확인을 하며 자세한 내용을 놓치지 마세요. [X]를 누르고 다시 배경음악 화면으로 나갑니다.

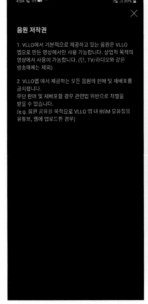

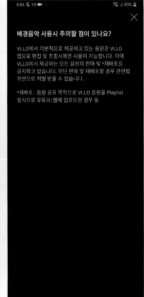

05 탭을 눌러가며 마음에 드는 무드의 음악을 찾아보세요.
[빨간 자물쇠] 버튼은 유료 버전에서 사용할 수 있는 음원입니다.
[노란 TV] 버튼은 광고를 보고 사용할 수 있다는 뜻입니다.

06 [노란 TV] 버튼의 음악을 터치하면 [광고 보기]를 누른 후, 광고를 보고 음악을 선택할 수 있습니다.

07 블로에서는 음악을 들어보기 위해서는 먼저 다운로드를 해야 합니다. 오른쪽의 [다운로드] 버튼을 눌러 곡을 들어봅니다. 마음에 들면 하단의 [체크] 버튼을 누릅니다.

08 배경음악이 삽입되면, 파랗게 표기가 됩니다. [음량]을 누릅니다.

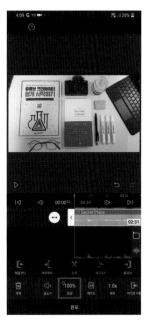

09 음량 조절을 한 후에 [완료]를 눌러 마무리합니다.

10 영상의 길이가 노래의 길이보다 짧으면 자동으로 음악이 영상에 맞추어 잘립니다. 하지만 영상의 길이가 배경음악의 길이보다 길면 메뉴의 [복제]를 누릅니다. 복제를 반복하여 영상의 길이에 맞게 배경음악을 넣습니다.

11 영상 처음부터 끝까지 음악이 들어간 것을 확인합니다.

2) 효과음 삽입하기

01 지시선을 기준으로 효과음이 들어가기 때문에, 효과음이 나올 부분에 지시선을 위치시킵니다. 저는 화면 전환이 이뤄지는 부분에 효과음을 넣으려고 합니다. [효과음]을 터치합니다.

02 마음에 드는 효과음을 선택한 후 하단의 [체크]를 터치합니다.

03 효과음이 들어간 것을 확인합니다. 음량 조절이 필요하면 [음량]을 터치하여 조절합니다. [완료]를 눌러 마무리합니다.

3) 음성 녹음하기(내레이션)

01 지시선을 기준으로 녹음이 들어가기 때문에, 녹음이 나올 부분에 지시선을 위치시킵니다. [음성 녹음] 버튼을 누릅니다.

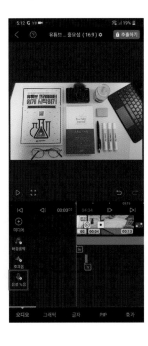

02 녹음 허용 안내 화면이 나오면 [허용]을 선택합니다.

03 녹음 버튼을 누르면, 준비를 위한 3초가 주어집니다. 준비하시고 녹음을 해주세요. 조용한 환경에서 녹음하시거나, 마이크를 활용하시면 깔끔하게 음성을 녹음할 수 있습니다.

04 녹음한 소리를 재생시켜 들어봅니다. 괜찮으면 하단의 [체크] 버튼을 누릅니다. 실수가 있다면 [삭제] 후 다시 녹음합니다. 필요하면 음량 조절합니다. [완료]를 눌러 마무리합니다.

블로 VLLO 효과 편집하기

1) 스티커 삽입하기

01 스티커를 삽입할 지점에 지시선을 위치시킵니다. 대 메뉴의 [그래픽]을 터치하고, 소 메뉴의 [스티커]를 누릅니다.

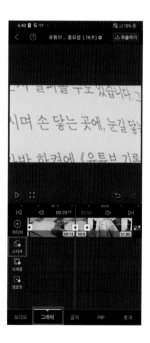

02 탭을 둘러보며, 마음에 든 스티커를 고릅니다.

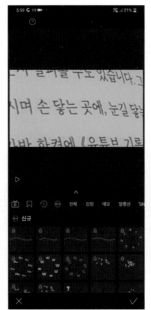
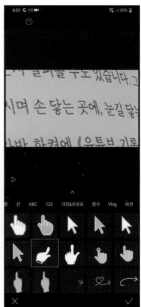

03 모니터에서 스티커의 위치와 크기를 바꿉니다. 타임라인에서 스티커가 지속되기 원하는 만큼 [>]을 오른쪽으로 당깁니다. 편집이 끝나면 [완료]로 마무리합니다.

2) 자막 삽입하기

01 자막을 삽입할 지점에 지시선을 위치시킵니다. 대 메뉴의 [글자]를 터치하고, 소 메뉴의 [글자]를 누릅니다.

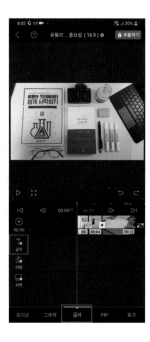

02 [기본] 탭을 터치합니다. 흰 박스에 검은색이 있는 자막을 선택합니다. 모니터에 자막이 들어간 것을 확인한 후, 하단의 [체크] 버튼을 누릅니다.

03 [편집] 버튼을 누릅니다.

04 키보드가 나타나면, 원하는 자막을 작성한 후, [체크]를 누릅니다.

05 글꼴을 바꾸기 위해 [폰트] 버튼을 누릅니다.

06 [한국어] 탭을 누른 다음, 마음에 드는 폰트를 선택합니다. [완료]를 눌러 마무리합니다.

07 [서식] 버튼을 누릅니다.

08 글자 색상, 외곽선, 배경 등을 선택하며 서식을 변경합니다.

09 글자 색상은 흰색으로, 배경 색상은 검은색을 선택했습니다. 배경은 불투명도를 60% 정도로 맞추어 화면에 자막에 자연스러움을 더합니다.

10 자막 편집이 끝난 후, 자막을 선택하고 [복제]를 누르면 같은 서식의 자막이 똑같이 생깁니다. 하단의 [완료]를 누릅니다.

11 자막이 2개 생긴 것을 확인합니다.

12 타임라인에서 뒤의 자막을 선택한 후, [편집]으로 글자의 내용을 바꿉니다. 편집이 끝나면 [완료]를 눌러 마무리합니다

3) 이미지 삽입하기

01 이미지를 삽입할 지점에 지시선을 위치시킵니다. 대 메뉴의 [PIP]를 누르고, 소 메뉴의 [이미지]를 터치합니다.

02 삽입하고자 하는 이미지를 선택합니다.

03 경고가 나타나면 [확인]을 누릅니다.

04 영상 위에 이미지가 올라간 모습입니다. 모니터 안에 초록색 테두리가 있는 이미지의 크기를 확대합니다. [↔] 버튼을 밖으로 잡아당기면 이미지의 크기가 커집니다.

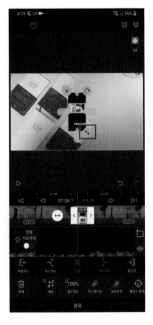

05 삽입한 이미지가 커진 모습입니다. 이미지에서 불필요한 부분을 없애기 위해 [변형]을 터치합니다.

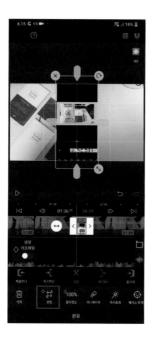

06 [크롭]을 선택합니다.

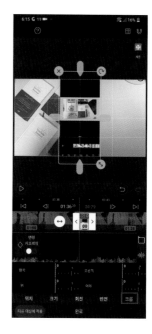

07 이미지의 '위'의 [휠]과 '아래'의 [휠]을 조정합니다. 이미지의 위와 아래의 검정 부분이 사라진 것을 확인합니다.

08 모니터 속의 이미지가 선택된 상태에서 크기와 위치를 변경시킵니다. 타임라인 속의 이미지의 [>] 버튼을 오른쪽으로 당기면 영상 속에서 이미지가 재생되는 기간을 조절할 수 있습니다.
편집이 끝나면 하단의 [완료]를 눌러 마무리합니다.

➕ Plus | 영상 속에 영상을 삽입할 수는 없나요?

대 메뉴의 'PIP'에서 소 메뉴의 '비디오'를 선택하면, 이미지를 삽입하는 방법과 동일하게 영상 삽입이 가능합니다. 다만, 프리미엄 버전, 즉 유료 버전에서 사용이 가능하다는 것을 기억해주세요.

프로젝트에서는 기능을 써볼 수 있게 되어 있지만, 영상을 추출할 때, 프리미엄 버전으로 '업그레이드' 하라는 안내가 나오게 됩니다. 콘텐츠에서 반드시 영상 위에 영상을 삽입해야 한다면, 주간 구독이나 월간 구독부터 시작해서 사용해 보시고 다음에 연간 구독이나 평생 구독을 활용해보세요.

➕ Plus | 모자이크를 넣고 싶은데 프리미엄 표시가 되어 있어요.

대 메뉴의 '효과'에서 소 메뉴의 '모자이크'를 선택하면, 스티커나 이미지를 삽입하는 방법과 비슷하게 모자이크 삽입이 가능합니다. 다만, 프리미엄 버전, 즉 유료 버전에서 사용할 수 있는데요.

'초상권을 지키기 위해서'나, '꼭 가려야 하는 부분'이 있다면, 컷 편집으로 해당 부분을 제거하시거나, 스티커를 가리고 싶은 부분에 붙이는 것도 방법이 됩니다. 기존에 사용할 수 있는 방법들을 동원하여 편집을 하는 것도 재미랍니다!

블로 VLLO 영상 추출하기

1) 영상 추출하기

01 프로젝트에서 편집한 내용들을 '완성된 영상'으로 만들기 위해 '추출하기'를 진행합니다. 그 전에 반드시 영상의 처음으로 돌아와 [재생] 버튼을 눌러봅니다. 다음의 내용으로 결과물을 확인합니다.

- 컷 편집은 자연스러운가?
- 음악과 효과음은 화면과 잘 어우러지는가?
- 녹음된 음성이 명확하게 잘 들리는가?
- 삽입한 이미지나 스티커가 화면을 가리지는 않은가?
- 삽입한 이미지나 스티커가 필요한 시간만큼만 나오는가? 너무 일찍 등장하거나 너무 늦게 사라지지는 않는가?
- 자막에 오타는 없는가?
- 자막이 너무 일찍 나오거나 너무 늦게 나오지는 않는가?

02 [비디오] 탭이 초록색으로 활성화되어 있는지 확인합니다. [추출하기]를 누릅니다. 비디오를 만드는 중에는 블로 애플리케이션을 끄거나, 다른 애플리케이션 활동을 하지 마세요. 완성본에 악영향을 미칠 수 있습니다.

- 영상 추출 중에 애플리케이션을 꺼버리거나, 다른 애플리케이션 활동을 하게 되면, 영상의 화면이 끊임없이 깜빡거리거나, 배경음악이 일부 소실되거나 하는 오류가 생길 수 있습니다.

03 영상이 갤러리나 앨범에 저장 완료가 된 모습입니다. [추출한 파일 확인하기]를 터치합니다. 완성된 영상을 확인합니다. 영상 확인이 끝나면 블로를 종료하셔도 좋습니다.

**블로 VLLO로 쇼츠 콘텐츠 편집하기

앞서 배운 블로 내용을 복습 삼아 쇼츠 영상도 빠르게 편집해 봅시다. 모든 기능을 쓰지 않아도 괜찮아요. 컷 편집과, 배경음악, 자막 삽입만으로 간단하게 편집해볼 테니 꼭 따라해보시길 바랍니다. 이번에는 다른 기종의 스마트폰을 사용해보았습니다. 거의 똑같지만 아주 약간의 차이가 있어요.

1) 프로젝트 생성하기 + 컷 편집하기

01 블로 애플리케이션을 실행합니다. 편집을 여러 번 하셨다면, 기존에 편집한 프로젝트 파일이 생길 거예요. [새 프로젝트]를 터치합니다.

02 편집할 세로 영상을 선택한 후 [→] 버튼을 터치합니다. 프로젝트 설정으로 넘어갑니다.

03 프로젝트 제목을 터치하여 키보드가 나타나면 이름을 바꿔주세요. 화면 비율이 가장 중요합니다. [9:16]의 비율을 선택하시고, [프로젝트 생성하기]를 터치하세요.

04 모니터에 9:16 화면이 나타난 것을 확인합니다. [재생] 버튼을 눌러 편집할 영상을 확인합니다. 확인이 끝나면 [스토리보드] 버튼을 터치합니다.

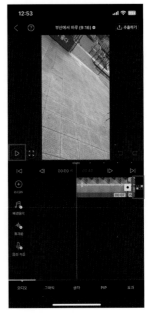

05 순서를 바꾸고 싶은 영상은 꾹 눌러 배치를 바꿔보세요. 불필요한 영상을 선택 후 [삭제] 버튼을 누릅니다. 순서 배치와 삭제가 끝나면 하단의 [체크]를 누릅니다.

06 편집할 영상을 선택합니다. [여기부터]와 [여기까지]를 이용하여 영상의 앞 부분, 뒷 부분을 자릅니다. 중간 부분을 없애고 싶다면 [분할]과 [삭제]를 사용합니다. 모든 컷 편집이 끝나면 [완료]를 누릅니다.

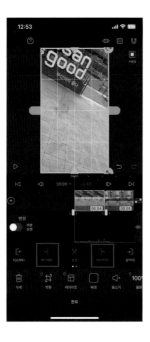

07 컷편집이 끝난 영상의 길이가 15초 이상, 60초 미만인지 확인합니다. 쇼츠에서 잘리지 않기 위해 가급적 58초 이내로 다듬습니다. 길이 확인이 끝나면 대 메뉴의 [오디오]-소 메뉴의 [배경음악] 버튼을 터치합니다.

2) 음악 및 자막 삽입

01 음악을 다운로드 받아서 들어보고, 마음에 드는 음악을 만나면 하단의 [체크]를 눌러 삽입합니다.

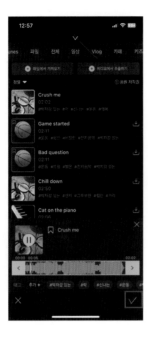

02 파란색으로 음악이 들어온 것을 확인합니다. [음량]을 눌러 음악의 볼륨을 조절합니다. 끝이 나면 [완료]를 누릅니다.

03 대 메뉴의 [글자] - 소 메뉴의 [글자]를 눌러 자막을 삽입합니다. 모니터 위의 자막 위치를 바꿔주세요. [편집]을 눌러 내용을 바꾸고 [폰트]를 누릅니다.

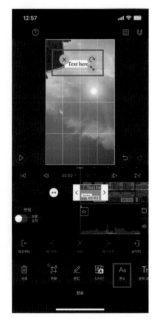

* 중요한 것은 위치입니다. 쇼츠는 아래쪽에 자막을 넣게 되면 쇼츠의 제목, 메뉴에 의해 자막이 가리는 일이 많습니다.
* 위 쪽에 배치할 때, 너무 위에 두게 되면 스마트폰 기종에 따라 자막이 보이지 않을 수 있습니다. 모니터 화면의 가로 선이 4줄 있습니다. 그 중의 첫째 줄에 자막을 맞춰 위치시키세요.
* 중간에 자막을 배치할 때는 등장인물의 얼굴이 가리지 않도록 주의하세요.

04 한국어 탭을 누르고, 도현체를 선택했습니다.

• 폰트는 컴퓨터에서 눈누를 통해 라이선스를 개별적으로 확인하는 습관을 들이세요!

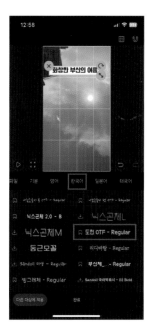

05 자막이 선택된 상태에서 [크기]를 눌러 [휠]을 돌려가며 자막의 크기를 바꿉니다. [완료]를 눌러 마무리합니다. 다시 [서식]을 누르고, 자막의 글자 색이나 외곽선 등을 변경하여 원하는 자막으로 꾸며줍니다.

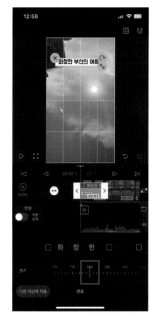
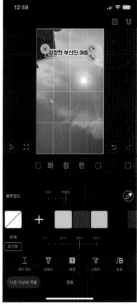

06 서식 변경을 끝낸 자막을 선택한 후 [복제]를 터치합니다. 타임라인에서 자막 앞의 [↔] 버튼으로 자막이 재생되길 원하는 화면으로 옮겨줍니다. [편집]을 눌러 원하는 내용으로 자막을 바꿔주세요.

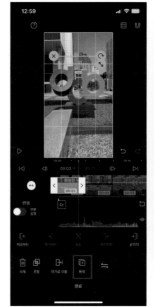

07 글이 길어지면 [엔터] 버튼으로 문장을 나눕니다. 그리고 [체크]를 눌러 마무리합니다.

3) 영상 추출하기

01 영상을 재생해
보며 편집에서 빠진 것
은 없는지 확인합니다.
확인이 끝나면, 상단의
[추출하기] 버튼을 누
릅니다.

02 [비디오]가 선
택된 것을 확인하고,
[추출하기] 버튼을 누
릅니다.

03 비디오가 완성되기를 기다립니다. [저장완료]가 나타나면 블로 애플리케이션을
종료합니다. 앨범이나 갤러리로 들어가서 완성된 영상을 반드시 확인합니다.

 **PART 05**

업로드하기

업로드(Upload)란, 완성한 영상을 시청자분들께 선보이는 단계
입니다. 유튜브라는 플랫폼에 영상 콘텐츠를 올리는 일로, 채널
을 운영하는 데 가장 핵심적인 활동입니다. 업로드 자체가 크리
에이터의 중심적인 일로 준비한 모든 과정이 업로드에서 결실을
맺는다고 해도 과언이 아닙니다. 왜냐면 업로드라는 것은 단순히
파일을 올리는 것이 아니라, 크리에이터가 지닌 신념과 가치가
콘텐츠를 통해 세상에 알려지는 행동이기 때문입니다.

열심히 기획하고 촬영하고 편집한 영상을 더 많은 분들께 더 빨
리 전달하기 위해서 업로드에도 전략이 필요합니다.

—

CHAPTER 01

썸네일 이미지 만들기

열심히 만든 영상을 업로드하는 순간을 기대했을 거예요. 업로드를 하는 순간, 우리는 진짜 유튜브 크리에이터가 됩니다. 업로드를 통해 내 영상을 시청자분들께 선사하고, 멋진 썸네일로 시청자들의 눈길을 사로잡아 보아요.

▶ ▶▌ 🔊 16:15/17:56   ◉━ ▯ ▭ ⛶

썸네일 적용을 위한 계정 인증 확인

썸네일을 적용하려면 계정 인증을 꼭 받아야 합니다. 계정 인증은 전화번호를 통해 받을 수 있습니다. 계정 인증 창에 전화번호를 입력하면, 문자 메시나 음성 통화를 통해 인증코드를 받습니다. 인증코드를 제출하면 계정 인증이 끝이 납니다.

계정 인증을 받게 되면 직접 만든 썸네일, 즉 '맞춤 썸네일'을 업로드 시 활용할 수 있습니다. 또한 15분 이상의 영상을 업로드할 수 있고, 라이브 스트림을 할 수 있게 됩니다.

전화번호를 등록하는 것에 대해 개인정보 문제를 우려하는 분들도 계십니다. 실제 수업에서 계정 인증을 받길 원하지 않는 수강생분들도 계셨어요. 전화번호를 통해 계정인증을 하는 이유는 스팸, 사기 등 채널의 악용을 방지하고자 하는 유튜브 나름의 방책입니다. [65]유튜브는 스팸과 악용을 매우 심각하게 생각하고 있습니다. 그래서 계정 인증을 통해 크리에이터와 시청사인 이용자들을 보호하고자 이런 방법을 쓰고 있는 것이랍니다.

계정인증을 받을 수 있는 채널은 1년에 2개까지입니다. 채널을 여러 개 운영하실 예정이라면, 인증은 1년에 2번까지라는 것을 꼭 기억하세요. 그럼 같이 계정 인증을 받아봅시다.

---

65 "YouTube 계정 인증", <YouTube 고객센터>, https://support.google.com/youtube/answer/171664?hl=ko

01 계정 인증을 받기 위해서 크롬을 켭니다. 주소 표시줄에 https://www.youtube.com/verify 를 입력합니다. 인증 코드를 문자로 받을 지 음성 전화로 받을 지 선택합니다.

저는 [문자 메시지로 받기]를 클릭했습니다. 아래의 국가를 확인합니다. '대한민국'으로 되어 있는지 꼭 체크하세요. 전화번호를 입력 후, [코드 받기]가 활성화되면 클릭합니다.

02 문자메시지를 받으면 코드 입력란에 입력합니다. [제출] 버튼이 활성화되면 클릭합니다.

03 인증이 완료되면 위와 같은 화면이 나타납니다. 이제 썸네일을 등록할 수 있게 되었습니다.

미리캔버스로 맞춤 썸네일 이미지 만들기

썸네일, 즉 미리보기 이미지는 영상의 내용을 알려주는 이미지입니다. 시청자로 하여금 영상을 보고 싶도록 하는 아주 중요한 기능을 담당하는데요. 같은 영상 콘텐츠라 하더라도 썸네일에 따라서 조회 수가 낮아지기도, 높아지기도 합니다.

이렇게 중요한 썸네일이다보니 간혹 크리에이터분들이 조회 수를 노리고 썸네일 이미지를 선정적으로 구성하는 경우도 간혹 보게 됩니다. 선정적이고 폭력적인 썸네일은 순간적으로 높은 조회 수를 기록하게 하지만, 유튜브 커뮤니티 가이드 위반이기 때문에 채널에 악영향이 갈 수도 있습니다. 그래서 가이드를 위반하지 않으면서 시청자들의 시선을 사로잡아 영상을 보게 하려면 어떻게 하는 것이 좋을지 고민하는 것이 크리에이터의 중요한 과제이기도 합니다.

기본적으로, 썸네일의 구성 요소인 화면과 화면 속에 등장하는 제목을 가장 중요하게 다루는 것이 좋습니다. 특히 영상의 내용을 잘 전달하면서도 궁금증을 자아내는 것이 좋기 때문에, 영상 중 가장 재밌어 보이는 화면을 활용해 보세요.

가장 추천하는 형태는 '표정이 살아있는 등장인물의 얼굴 이미지'를 활용하는 것입니다. 크리에이터의 얼굴이 이미지에 반복적으로 나오게 되면 시청자에게 채널의 주인공이 누구인지 알리게 되어 채널 브랜딩에 도움이 됩니다.

제목의 경우는, 시청자들의 흥미를 불러일으키는 질문 형태나 핵심 주제로 구성하는 것이 좋습니다. 단, 화면의 오른쪽 하단에는 제목을 위치시키지 않는 것이 좋습니다. 오른쪽 하단에 재생 시간이 표시되기 때문에 제목이 가릴 수도 있으니까요.

썸네일의 디자인 요소에 대한 설명은 미리캔버스를 활용해 직접 만들어 보며 진행해보겠습니다.

01 미리캔버스에 들어갑니다. 자동으로 로그인이 되어 있다면, [바로 시작하기]를 누릅니다.

02 [모든 템플릿]-[유튜브]-[썸네일]을 선택합니다.

03   마음에 드는 템플릿을 선택합니다.

04   썸네일 화면의 글을 선택하고 원하는 제목으로 바꿔줍니다. 폰트의 라이선스를 확인하는 것을 잊지마세요!

05   [요소]를 클릭하고, 썸네일과 관련있는 키워드로 검색합니다. 저는 '유튜브'로 검색하여 스마트폰을 들고 있는 캐릭터를 골랐습니다.

06   캐릭터를 선택하고 크기를 바꾸고 위치를 바꿔 줍니다. 프리미엄 이미지인 꿀 모양을 선택하여 삭제합니다.

07 [요소]에서 '꿀'을 검색하고 마음에 드는 이미지를 클릭합니다. 허전한 부분에 위치시킵니다.

08 [다운로드]를 누르고, [고해상도 다운로드]를 누릅니다.

블로VLLO로 맞춤 썸네일 이미지 만들기

영상 편집을 하는 블로에서도 썸네일을 만들 수 있습니다. 영상 속 화면을 사용한다는 점에서 훌륭한 썸네일을 제작할 수 있습니다.

01 블로로 들어갑니다. 썸네일을 만들고 싶은 영상의 프로젝트를 선택합니다.

02 썸네일로 쓰고 싶은 화면에 지시선을 위치시킵니다.

03 대 메뉴의 [글자]-소 메뉴의 [글자]를 눌러 자막을 적습니다. 자막의 폰트, 색상, 외곽선을 지정해주고, 위치를 왼쪽 하단에 배치했습니다. 재생 버튼 옆에 [화면 확대] 버튼을 누릅니다.

04 화면이 커지면 상단의 [캡처] 버튼을 눌러주세요.

05 "캡처 이미지를 카메라롤에 저장하였습니다."라는 안내가 나옵니다. 해당 캡처 이미지를 내 앨범 혹은 갤러리에 저장했다는 뜻입니다. 이 이미지를 썸네일로 사용할 수 있습니다.

CHAPTER 02

업로드하기

1분에 500시간 가까운 분량이 쏟아지니 볼거리가 이미 풍부한 유튜브 세상에서 내 콘텐츠를 더 많은 사람이 보게 하는 방법, 바로 영상 홍보예요! 영상 홍보를 하는 일도 유튜브 크리에이터의 할 일이랍니다!

▶ ▶▎ 🔊 16:15/17:56 ⬤ ▶ ▢ ⬜ ⛶

유튜브 제목 설명 태그 제대로 작성하기[66]

영상 제목, 설명란, 태그에 유명한 크리에이터의 이름이나 현재 사람들이 가장 관심있어하는 이슈 관련 키워드를 넣는 경우가 있습니다. 해당 크리에이터분들의 팬분이나, 급상승하는 인기 키워드를 통해 시청자 유입을 노리는 전략으로 보이는데요. 과연 생각한 것만큼 효과가 있을까요?

유튜브의 제목과 설명란의 설명, 태그 그리고 앞서 만들어 본 썸네일은 모두 메타데이터에 속합니다. 메타데이터는 '데이터의 데이터'로 유튜브 영상 콘텐츠의 자료를 뜻합니다. 유튜브 콘텐츠에 메타데이터가 필요한 이유는 바로 사용자들이 많고 그만큼 많은 영상들이 계속 유튜브에 올라오기 때문입니다.

유튜브에 올라오는 영상 콘텐츠의 수가 늘어나니, 검색을 하는 시청자가 원하는 영상 콘텐츠를 빠르고 효율적으로 보여주기 위해 메타 데이터를 활용하는 것인데요. 모든 유튜브 콘텐츠를 하나하나 보고 확인하는 것이 아니라 메타데이터를 기반으로 콘텐츠를 빠르고 효율적으로 찾기 위해 만든 일종의 정리표라고 생각하면 편리합니다.

메타데이터가 검색 노출에 유리하다는 사실이 알려지면서 메타 데이터에 많은 사람들의 관심이 집중된 검색어를 마구잡이로 사용하는 경우가 종종 일어나기 시작합니다. 검색 노출을 위해 내 영상과 관련 없는 데이터로 콘텐츠를 많은 사람들에게 보이려 한 것이지요.

하지만 유튜브는 메타데이터의 내용이 영상의 내용과 너무 다른 경우를 어느 정도 구분하게 되었습니다. 한편으로는 꼼수를 사용하는 크리에이터가 유튜브의 시스템을 발전시켰다고도 볼 수 있습니다. 흥미로운 메타데이터를 작성하는 것도 중요하지만 콘텐츠를 잘 나타내는 것이 더 중요하다는 것을 잊지 마세요.

---

66 "유튜브 제목 설명 태그 제대로 작성하기", <유튜브랩 2.0>, 2018.05.25, https://www.youtube.com/watch?v=h9efjxaoaWY

다음은 피해야 하는 메타데이터의 형태입니다. 아래의 내용만 조심하며 메타데이터를 꾸려 나간다면, 더 많은 시청자들이 크리에이터분의 영상 콘텐츠를 찾아올 것이라 생각합니다.

1. 제목이나 설명란, 태그에 키워드를 많이 넣는 것은 영상의 내용을 잘 설명해주지도 못할뿐더러, 시청자가 보기에 내용이 탄탄한 콘텐츠로 이해하기 쉽지 않습니다.

   특히 예전에 비해 태그의 중요성은 많이 낮아졌습니다. [67]맞춤법 실수가 자주 발생하는 단어인 경우에 유용하며 그 외에는 역할이 제한적입니다. 동영상 설명에 과도한 태그를 추가하면 유튜브는 스팸, 기만행위, 사기에 대한 유튜브 정책을 위반한 것으로 보고 있습니다.

2. 영상의 내용과 상관없는 내용으로 시청자를 낚는 메타데이터는 바람직하지 않습니다. 속된 표현으로 '어그로를 끄는' 썸네일과 제목, 설명란 등은 순간적으로 조회 수를 올리는 것처럼 보입니다. 하지만 영상 내용과 관련이 적어서 썸네일, 제목을 보고 들어온 시청자들은 금방 흥미를 잃게 됩니다. 이탈이 많아져 시청지속시간이 짧아지는 결과를 냅니다. 시청지속시간이 짧아지면 이후에 조회 수에도 악영향을 미칩니다.

3. 제목의 첫 부분에는 가장 중요한 키워드가 들어가는 것이 좋다고 합니다. [68]검색 결과에 반영이 되기 때문일 테지요. 그런데 본인의 채널을 알리고 싶은 나머지 아래 경우처럼 채널의 이름 혹은 캐릭터의 이름을 맨 앞에 넣으시는 경우가 꽤나 많습니다. 브랜딩을 위해서는 좋은 방법이라 볼 수도 있지만 채널을 처음 만든 초창기에는 시청자들이 우리의 채널 이름이나 캐릭터의 이름을 잘 모릅니다. 따라서 검색을 할 확률도 낮아지게 됩니다.

   당장은 우리의 채널 이름이나 캐릭터 이름으로 검색을 하지 않겠지만 영상 콘텐츠가 채널에 차곡차곡 쌓이고 유튜브 활동을 꾸준히 하다 보면 채널이름과 캐릭터의 이름을 알아주는 분들이 늘어나게 될 거예요. 그로 인해 검색을 하시는 분들이 늘어나게 될 겁니다. 그러면 그 때 검색하시는 분들께 영상 콘텐츠가 노출될 수 있도록 제목의 끝 부분에 포함시키도록 합시다.

컴퓨터로 동영상 업로드하기

영상을 업로드 하는 방법은 기기에 따라 다릅니다. 하지만 거의 비슷하니 걱정 마세요. 한 번만 업로드를 해보시면 다음부터는 금방 잘하시게 될테니까요.

컴퓨터로 업로드를 하려면 업로드할 영상이 컴퓨터에 있어야 합니다. 썸네일도 마찬가지예요. 업로드할 영상 파일과 썸네일 이미지를 준비하시고 따라와 주세요.

---

67 "YouTube 동영상에 태그 추가", <YouTube 고객센터>, https://support.google.com/youtube/answer/146402?hl=ko&sjid=2536038408186465674-AP

68 "썸네일 및 제목 팁", <YouTube 고객센터>, https://support.google.com/youtube/answer/12340300?hl=ko&sjid=2536038408186465674-AP

01 유튜브에 들어갑니다. 로그인을 합니다.

02 [내 채널 보기]를 클릭합니다.

03 첫 동영상을 업로드 할 때는 채널 중간의 [동영상 업로드]를 클릭합니다. 다음부터는 프로필 앞의 [캠코더] 버튼을 누르고, [동영상 업로드]를 클릭합니다.

04 동영상 업로드 화면이 나타납니다. 파일을 드래그 앤 드롭하여 업로드 하거나, [파일 선택]을 클릭하여 영상 파일을 올립니다.

05 파일이 올라가는 와중에 세부정보를 적을 수 있습니다. 제목, 설명란, 썸네일, 재생목록이 나타납니다. 모든 세부정보가 중요하지만, 그 중에서도 제목과 썸네일이 가장 중요합니다. 먼저 제목을 작성합니다. 제목을 쓴 다음 [썸네일 업로드]를 클릭해 주세요.

06 미리 준비한 썸네일을 선택하면 적용된 모습을 바로 볼 수 있습니다.

07 이제 설명란을 작성해 주세요. 제목과 썸네일 속 제목, 이미지와 어울리게 씁니다. 설명란의 내용은 3줄까지 보여지니까 중요하거나, 흥미를 돋는 글을 적어주세요. 꼭 글을 다 채울 필요는 없습니다.

08 스크롤을 내려서 시청자층 설정을 합니다. 아동용 영상이 아니라면 [아니요, 아동용이 아닙니다.]에 체크해주세요. 그리고 [다음]을 클릭합니다.

09 동영상 요소를 선택합니다. 최종 화면은 동영상의 마지막 5~20초 부분에 추가하는 화면입니다. 다른 동영상이나 구독 버튼을 눌러서 영상 조회나 구독을 유도할 수 있습니다. 카드는 동영상이나 재생목록 등을 더하는 기능입니다. 카드는 아동용 영상에는 사용할 수 없습니다. 원하는 요소를 추가한 후에 [다음]을 클릭합니다.

• 최종 화면을 넣으려면 동영상의 길이가 25초 이상이어야 합니다.

10 검토 화면이 나타납니다. 저작권 문제가 없는지 체크됩니다. 검토가 끝나면 [다음]을 누릅니다.

11 공개 상태를 설정해야 할 차례입니다. [공개]를 클릭해야 내 동영상이 검색되고, 사람들에게 보여집니다. '비공개'는 나만 볼 수 있다고 보시면 됩니다. '일부 공개'는 내 동영상의 링크를 가진 사람들에만 접근할 수 있는 영상입니다. '예약'을 통해서 영상이 공개되는 시점을 설정할 수도 있습니다. 공개 상태를 설정했으면 [게시]를 눌러 업로드를 마무리합니다.

12 게시가 되면, 링크를 공유할 수 있는 화면이 나타납니다.

13 채널에 가면 영상이 업로드 된 모습을 확인할 수 있습니다.

스마트폰으로 동영상 업로드하기

　유튜브는 간단하고 쉽고 빠르게 콘텐츠를 업로드 하는 것에 집중하고 있습니다. 새로운 크리에이터와 새로운 콘텐츠를 많이 만날 수 있는 기회를 만들기 위해서죠. 그래서 스마트폰으로 콘텐츠를 업로드 하는 과정이 직관적으로 변했습니다. 일단, 스마트폰으로 동영상을 업로드 해보며 알아볼까요?

01　유튜브 애플리케이션을 실행합니다. 유튜브 애플리케이션에 로그인이 되어 있어야 합니다.

• 화면에 보이는 'YouTube 스튜디오' 애플리케이션도 다운로드 받아두시면 콘텐츠 메타데이터를 수정하거나, 분석을 빠르게 할 수 있다는 장점이 있습니다.

02　[+] 버튼을 누릅니다.

03　하단에 [동영상] 카테고리를 선택합니다. 업로드 할 영상을 선택합니다.

04　영상을 확인합니다.

• 영상의 길이가 1분 이내인 경우에는 '쇼츠 동영상으로 업로드'가 가능합니다. 하지만 우리는 '동영상'으로 업로드 해보겠습니다.

05 업로드 화면인 '세부정보 추가'가 나타나면 썸네일 왼쪽의 [이미지 삽입] 버튼을 누릅니다. 썸네일로 사용할 이미지를 선택합니다. 사용할 이미지를 확인한 후 오른쪽 상단의 [선택]을 누릅니다.

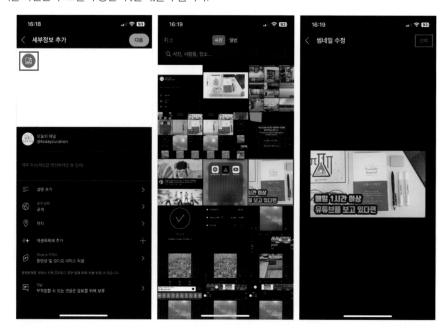

06 썸네일이 적용되면, 제목을 손가락으로 터치하여 흥미가 돋는 제목을 작성합니다.

07 [설명 추가]를 선택해 간단하게 설명을 작성합니다. 작성이 끝나면 [<] 버튼을 눌러 '세부정보 추가' 화면으로 돌아옵니다.

08 [다음]을 누릅니다. 시청자층에 [아니요, 아동용이 아닙니다.]를 선택하고 [동영상 업로드]를 터치합니다.

09 동영상 업로드가 끝나면 [동영상 보기]를 눌러 확인합니다.

10 혹은 유튜브에서 하단의 [내 프로필]을 선택합니다. 스크롤을 내려서 [내 동영상]을 클릭합니다. 내 채널에 올라간 영상을 확인할 수 있습니다.

스마트폰으로 쇼츠 업로드하기

동영상은 완성된 한 편의 영상을 업로드 하지만, 쇼츠 업로드는 촬영한 영상 여러 편을 편집하여 업로드할 수 있고, 영상을 촬영하여 업로드할 수도 있습니다. 가장 기본적인 쇼츠 업로드 방식을 익힌 후에 다양한 기능을 활용해 보세요.

01 유튜브 애플리케이션을 실행합니다. 유튜브 애플리케이션에 로그인이 되어 있어야 합니다.

02 [+] 버튼을 누릅니다.

03 하단에 [Shorts] 카테고리를 선택합니다. 바로 촬영하며 영상을 만들어도 되고, 왼쪽의 [앨범] 버튼을 눌러 촬영한 영상을 사용해도 됩니다. [앨범] 버튼을 누릅니다.

04 업로드 할 영상을 선택합니다. 하나만 선택해도 되고, 여러 개를 추가할 수도 있습니다.

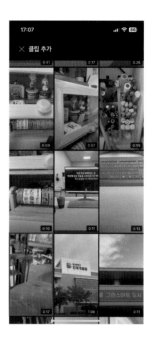

05 15초 영상을 만들 것인가, 60초 미만의 영상을 만들 것인가 선택합니다. 영상의 길이는 상단의 빨간 바를 보고 맞출 수 있습니다.

06 상단의 [사운드 추가]를 눌러서 유튜브에서 저작권 침해 문제를 해결한 음악들을 선택할 수 있습니다. 오른쪽에 [∨] 버튼을 누릅니다. 다양한 편집 메뉴가 나타납니다. 필요에 따라 활용해 보세요. [닫기]를 누른 후, 하단의 [체크]를 눌러 다음 단계로 넘어갑니다.

• 원래 화면은, 카메라 켜진 상태인데 메뉴를 잘 보이게 하기 위해 렌즈를 가린 상태입니다.

07 마지막으로 편집할 수 있는 메뉴가 하단에 나타납니다. 필요에 따라 활용해 보세요. 편집이 끝나면 [다음]을 누릅니다.

08 '세부정보 추가' 화면이 나타납니다. 썸네일 속 연필 모양의 [수정] 버튼을 누릅니다. 쇼츠 썸네일은 맞춤 썸네일이 아니라, 영상 중 일부를 선택하는 형태입니다. 영상 중에 마음에 드는 화면을 선택한 후 [완료]를 누릅니다.

09 제목을 작성합니다. 동영상 업로드와 달리 설명란이 따로 없습니다. [시청자층 추가]를 터치합니다.

10 [아니요, 아동용이 아닙니다.]를 선택하고 [<] 세부정보 추가 화면으로 돌아옵니다.

11 하단의 [Shorts 동영상 업로드]를 선택합니다.

12 업로드 중을 확인합니다. [동영상 보기]를 눌러 영상을 확인합니다.

13 혹은 하단 오른쪽의 [프로필] - [내 동영상보기]로 들어가 [Shorts] 탭에서 영상을 확인합니다. 쇼츠 영상엔 영상 하단에 '흰색 S' 표시가 있습니다. (동영상에는 표시가 따로 없습니다.)

 PART 06

채널 성장

어떻게 하면 내가 만든 영상을 사람들이 많이 보게 만들지, 어떻게 1만, 5만, 10만 구독자를 지닌 유튜버가 될지 한 번이라도 생각해 보셨다면 이번 파트를 주목해 주세요! 사실 구독자 수가 아무리 많아도, 조회 수가 아무리 높아도 그다음 목표가 생기고 더 성장하고 싶은 것이 크리에이터의 마음입니다. 다시 말하면 구독자가 0명인 유튜버도, 구독자가 100만이 유튜버도 수치만 다를 뿐, 비슷하게 고민하고 노력한다는 뜻이 되겠지요.

조회 수, 구독자 수와 같은 양적 성장을 위해서는 먼저, 유튜브 제작자와 채널의 질적 성장이 중요합니다. 질적 성장과 양적 성장이 발맞춰 이뤄지는 채널이 가장 이상적이랍니다. 그렇다면 어떻게 이상적인 채널 성장을 할 수 있을지 우리 같이 공부해 봅시다.

 **CHAPTER 01**

채널 성장을 위한 요소

유튜브 크리에이터의 가슴을 뛰게 하는 말 중 하나는 "채널 성장"입니다. 채널 성장을 이루기 위해 꼭 필요한 부분을 짚고 넘어서 실버 버튼, 골드 버튼, 다이아 버튼까지 나아가 봅시다!

▶ ▶❙ 🔊 *16:15/17:56*　　　　　　　　　　　　　　　　　　　　　　　　◉▶ 🔲 ▭ 〔〕

채널 성장에 가장 필요한 기준[69]

　채널 성장을 위해서 크리에이터들에게 가장 필요한 것은 무엇일까요? 사실 채널 성장을 무엇으로 보느냐에 따라, 필요한 요소는 매우 다양합니다. 채널이 특정 분야에서 유명해지는 과정을 성장으로 본다면, '브랜딩이 얼마나 잘 되었느냐?'가 중요합니다. 이럴 때는 '채널 이름, 채널을 떠올릴 때의 색상, 채널 슬로건' 등이 필요 요소가 될 것입니다. 콘텐츠를 몇 개 이상 제작하는 것을 목표로 두고 성장을 논하자면, 제작 속도가 기준이 될 수 있습니다.

　조회 수가 높아지는 것을 성장으로 본다면 '노출 수'와 '노출 클릭률', 그리고 '시청지속시간'에 신경을 써야 합니다. 구독자 수 증가를 채널 성장으로 이해한다면 '영상의 개수'와 구독 요청과 같은 'Call To Action' 멘트나, 제스처 등이 중요하겠습니다. 수익화 이후, 수익 증대를 채널 성장으로 본다면 유튜브 파트너 프로그램의 다양한 수익화 방식을 얼마나 활용하고 있느냐가 기준이 될 수 있습니다. 콘텐츠의 수익을 벌지 못하게 하는 노란 딱지를 피하는 것도 기준이 될 수 있겠지요. 유튜브에서 만든 커뮤니티 가이드나 법률의 경우에는 매우 분명한 기준을 제시하고 있으니 위의 언급한 기준들보다는 충족시키기가 덜 까다롭습니다.

　이렇게 채널 성장을 무엇으로 보느냐가 다른 이유는 유튜브를 운영하는 이유가 크리에이터마다 다르기 때문입니다. 유튜브는 취향과 흥미를 창작의 형태로 다루는 플랫폼입니다. 단순하게 구독자 수나 조회 수와 같은 일부 수치만으로 성공의 여부나 채널의 성장 여부를 가늠한다는 것은 창작력을 줄을 세우는 것만큼이나 애석한 일입니다. 삶에서는 어떠한 기준이든지 간에, 그에 부합하는 사람, 부합하지

69　"채널 성장에 가장 필요한 기준", <유튜브랩 2.0>, 2017.12.22, https://youtu.be/fKgle5zeCKQ

않는 사람은 존재합니다. 나라, 연령, 시대 그리고 사람마다 다른 것이고, 기준을 따르며 산다는 것이 반드시 올바른 삶이라 보기도 어렵습니다.

그래서 어떤 체크리스트를 제시하고 거기에 맞춰서 운영하라는 말씀을 드리지 않으려고 부단히 노력 중입니다. 그럼에도 크리에이터분들께 강조하고 싶은 기준은 바로 "크리에이터로서 유튜브 채널을 운영하며, 얼마나 새로워질 수 있느냐?"하는 물음입니다.

⏚ 유튜브 교육"을 주제로 운영중인 유튜브랩 채널 초창기. 채널의 목표는 '크리에이터가 되고 싶은 사람들에게 우리가 알게 된 유튜브에 대한 정보를 나누자.' 였으며 채널의 성공 기준은 조회 수와 구독자 수가 아닌, "댓글의 내용"으로 삼고 있다.

구독자 1억 1천1백만 명의 퓨디파이(2023년 10월 기준)의 이야기를 빌려 말씀드릴게요. 퓨디파이가 처음 유튜브를 시작했을 때, 당시 가장 유행하던 게임인 'Call of Duty'를 플레이했다고 합니다. 특별한 장비 없이 그저 헤드셋을 끼고 게임을 하면서 게임을 하는 내용을 중계했죠. 열심히 게임을 하고 중계하고 또 열심히 편집하는데 시청자와 구독자가 늘지 않았습니다.

⏚ 퓨디파이 유튜브 채널[70]

200명 남짓 되는 시청자들에게 감사하지만 'Call of Duty'의 인기를 생각한다면 이해하기 어려울 정도로 적은 수의 시청자와 구독자를 지닌 것이었죠. 퓨디파이는 "무엇이 문제인가? 왜 나의 영상을 사람들이 알아주지 않는 것일까?" 생각했습니다. 분명 영상도 열심히 찍고, 멘트도 좋고, 편집도 잘하는데 말이죠. 퓨디파이는 곧 결론을 내립니다. "나 외에도 이 주제를 너무 많이 한다."

퓨디파이는 그때부터 생각을 바꿔서 다른 소재를 찾기 시작했습니다. 'Call of Duty'는 여전히 사랑하는 게임이지만, 시청자들과 함께 즐길 수 있는 색다른 게임과 아이템을 선정하는 데 노력을 기울인 거죠. 그리고 그는 지금, 우리가 아는 것처럼 가장 유명한 유튜버 중 한 명이 되었습니다.

어떤 장르를 선택하든지, 사람들이 많이 하는 소재를 선택하든지, 반대로 경쟁이 덜 이뤄지는 분야를

---

70 퓨디파이 유튜브 채널, https://www.youtube.com/user/PewDiePie, "How To Get Started On YouTube", <PewDiePie>, 2017.08.11

찾든지 지금보다 더 나아지려는 움직임이 중요합니다. '크리에이터로서 한 걸음 더 나아가려는 자세', '나만의 생각에 머물지 않고 다른 것을 찾으려는 노력'이 더해지고 더해져서 시청자들이 공감하고 그의 콘텐츠에 열광하게 된 지금까지 오게 된 것이 아닌가 합니다.

사람들은 대부분 여태 머물러있던 것에서 새로운 것으로 시선을 옮겨갑니다. 자극적이고 선정적이고 폭력적인 것이 순간적인 관심을 얻는 것은 기존의 것에 무뎌진 상태에서 새로움을 찾고 싶어 하기 때문이기도 합니다. 그래서 1 정도의 자극에서 2 정도의 자극으로 점점 더 센 자극을 원하게 되고요. 시청자들이 자극적인 영상을 좋아하는 게 아니라, 그저 새로운 것에 대한 욕구일 수도 있습니다.

콘텐츠의 소재, 콘텐츠를 영상화하는 방식, 등장인물의 어투, 멘트, 복장 등 콘텐츠의 다양한 요소에서 새로움을 찾고 보여줄 수 있느냐, 즉 "내가 성장할 수 있느냐"를 자신에게 물어보세요. 그에 대한 해답이 채널 성장과도 맞닿아 있다고 조심스레 말씀드립니다.

지금 영상을 올리는 것에 있어 매너리즘에 빠져 있지는 않은 지, 늘 같은 내용이나 같은 편집 방식을 습관처럼 사용하고 있지는 않은 지 가끔 확인해 보면 좋겠습니다. 유튜브 채널 운영을 하면서 스스로를 창의적이라고 여기고, 새로운 일을 하고 있다고 생각한다면 이미 채널은 성공적으로 성장 중이라고 말하고 싶네요.

수익 창출을 위한 조건, 시청 시간 늘리기[71]

〈채널 성장에 가장 필요한 기준〉에서 채널 성장의 기준을 "새로움"으로 추천했지만, 그럼에도 불구하고 조회 수, 구독자 수와 같은 수치적인 부분에 대한 관심도가 높음을 잘 압니다. 당장에 눈으로 보이는 부분이기 때문일테지요. 가장 많이 궁금해 하시는 내용이니 이 수치를 높이는 방법에 대해 알려드립니다. 다만, 이 방식들은 매우 '일반적'인 내용입니다. 모든 장르, 모든 크리에이터들에게 통용되는 정답은 없다는 점을 강조합니다. 일반적인 내용을 이해하고 자신만의 길을 닦아 나가시기를 바랍니다.

시청자가 동영상을 시청한 시간인 시청 시간은, 유튜브에서 조회 수만큼이나 신경 써야 할 부분입니다. 시청 시간을 통해 시청자들이 선호하는 콘텐츠의 형태를 알 수 있고 시청자의 참여도를 확인할 수 있기 때문이죠. 게다가 수익 창출의 조건이 '구독자 1,000명, 12개월 동안 시청 시간 4,000시간'으로 변경되면서 많은 크리에이터들이 민감하게 반응하는 지표가 되기도 하였습니다.

어떻게 해야 시청 시간을 늘릴 수 있을까요? 간단하게 말하면 '재미'가 있어야 합니다. 너무나 당연

---

71 "유튜브 시청시간 늘리기 | 조회수와 수익에 도움이 되는 시청시간", 〈유튜브랩 2.0〉, 2017.07.24, https://youtu.be/zyoqCZt6JOg?si=Gv9jp_bq-2jU5CxSg

한 말씀을 드려서 죄송하지만, 영상을 보게 하는 힘은 단연코 '재미'입니다. 재미있어 보여야 영상 콘텐츠를 클릭하고, 더 오래 보고, 다른 관련 영상 콘텐츠를 다시 클릭하여 조회하게 되니까요.

하지만 재미라는 말에 큰 부담을 느끼지 않으셨으면 좋겠습니다. 전문적인 역량을 지닌 배우와 감독, 편집자분들이 만드는 예능 프로그램이나 드라마도 프로그램의 처음부터 끝까지 시청률이 동일하게 높게 유지되는 경우는 매우 드무니까요.

보통 하이라이트 부분에서 높은 시청률이 나오는 것처럼 유튜브에서는 "이 영상 재밌으려나?" 하고 탐색하는 첫 부분에서 가장 높은 조회율을 보입니다. 그러다가 재미가 있다고 판단하면 영상을 이어서 계속 보는 것이고, 그렇지 않다고 판단하면 영상 재생을 멈추고 다른 영상을 찾으러 나가게 되는 것이죠. 보통 이런 현상을 영상을 보는 도중에 나간다고 해서 중도 이탈이라고 합니다.

드라마나 예능 프로그램은 등장인물만 해도 여러 명이고 촬영의 환경이나 배경이 화려한 편에 속하는 데 비해, 유튜브 콘텐츠는 주로 혼자 이야기를 이끌어 가는 경우가 많습니다. 최근에는 유튜브 영상 콘텐츠의 형식도 점점 다양화되고 규모가 커지는 추세이지만 기본적으로 다양한 연출이 적은 편에 속해요. 이럴 경우 시청자가 어떻게 재미를 잃지 않게 할까요?

먼저 화면 자체를 다채롭게 하는 것이 재미를 주는 방법이 될 수 있습니다. 재미가 곧 웃긴 상태만을 말하는 것이 아닙니다. 보통 영상 콘텐츠의 경우 화면상에서 3초 이상 화면이 변하지 않고 가만히 있으면 재미가 없다고 느낄 가능성이 높습니다. 그렇다고 짧은 시간에 화면이 너무 복잡하면 난해하게 느껴질 수 있어요. 난해한 화면은 오히려 중도 이탈을 독려할 수 있습니다.

그래서 그 중간 지점에서 변화를 노리는 것을 추천해 드립니다. 요컨대, 화면의 변화가 3초 안에 이뤄지게 하지만 대신 화면 전환이나 편집 요소는 많이 넣지 않는 식으로요. 이렇게 시작하다가 다음 영상에서는 조금 더 변화를 주어보고 그다음 콘텐츠에서는 변화를 덜어가면서 시청 시간을 확인하는 겁니다. 시청 시간을 확인할 때는 콘텐츠별로 확인하기보다, 월별로 확인하는 것을 추천합니다.

화면의 재미를 주는 변화 기준을 삼기 어려울 때는 '내가 좋아하는 채널의 영상 화면 변화 속도'를 계산해 보세요. 영상을 재생할 때 화면에 마우스를 올려 두고 시간이 흘러가는 것을 보면서 화면이 바뀔 때마다, 화면이 변하지 않더라도 자막이나 이미지 소스 등이 더해질 때 마다 세어보는 것입니다.

10대가 주 시청자인 영상들을 분석했을 때 보통 2초에 1번 꼴로 화면이 바뀌거나 포인트 자막과 말 자막이 쉬지 않고 나오는 것을 알 수 있습니다. 50대 이상이 주 시청자인 영상은 자막이 없는 경우가 많지만, 자막이 있더라도 포인트 자막보다 말 자막이 압도적으로 많습니다.

실제로 기업이나, MCN과 함께 채널 컨설팅을 할 때 비슷한 장르의 채널들을 적게는 10개, 많게는

100개 정도 화면의 비율, 샷의 크기, 화면 변화 속도, 자막의 특징 등 유튜브랩만의 분석 기준을 두고 평균을 매기고 그 내용을 안내합니다. 전문가처럼 수백 개의 기준을 두고 수십 개의 채널을 분석하기는 쉽지 않다는 것을 압니다. 적어도 화면과 자막, 효과음의 변화 정도만 체크해 보셔도 내 콘텐츠를 더 흥미롭게 만드는 데 큰 도움이 됩니다.

좋은 스튜디오를 쓰는 것도 도움이 될 수 있습니다. 예쁜 배경, 좋아 보이는 환경도 영상의 재미 중 하나이니까요. 특히나 뷰티 채널의 경우 메이크업에 어울리는 배경이나 가발, 상의, 화장의 분위기에 따른 액세서리 매치 등을 통해 보는 재미를 더할 수 있습니다. 조명을 이용해 전체적인 색감을 조정하는 것도 최근에 많은 유튜브 크리에이터분들이 선호하는 방식이에요. 조명의 색상만 바꾸어도 영상이 색다르게 느껴지니까요.

실시간 방송을 주로 하는 토크 채널들도 예전에는 웹캠을 주로 사용했습니다. 컴퓨터에 연결만 하면 촬영이 되었기에 편리하기도 하고 가격 면에서도 좋았기 때문입니다. 그런데 최근 3~4년간 1인 방송을 전문적으로 하는 토크 채널들은 DSLR이나 미러리스를 캡처 보드를 이용하여 실시간 방송에 활용하고 있습니다.

대한민국 시청자들이 좋아하는 아웃포커싱을 쓰기 위해서, 좀 더 개선된 화질을 보여주기 위해서, 왜곡되지 않은 화면을 보여주기 위해서, 내가 더 멋있게 나와서 등 이유는 다양합니다. 하지만 결론은 하나입니다. 시청자들에게 이전보다 나은 화면, 재미를 주고자 하는 마음인 거죠. 그리고 실제로 효과가 있었기에 수익이 늘어났다는 유튜버들이 많았습니다. 그래서 한동안 세팅에 대한 문의가 유튜브랩에 많이 들어왔습니다. 주로 기관의 1인 방송 세팅에 자문을 진행했었습니다.

색다름에 주목해서 평소의 포맷을 완전히 다르게 설정하기보다는 작은 변화를 주어서 영상의 취향은 유지하면서 신선함을 잃지 않도록 균형을 잡아야 합니다. 시청 시간을 높이는 여러가지 시도 끝에 가장 좋은 방법은 잘 기록해 두시는 것도 잊지 마세요! 그 기록을 바탕으로 다시 시청 시간 늘리기 전략을 새로 수립할 수 있습니다.

조회 수를 높이고 싶다면 먼저, 시청 지속 시간 늘리기 [72]

시청 지속 시간은 동영상의 매 순간 조회 수를 전체 조회 수에 대비해 퍼센트로 표시한 시간입니다. 되감기, 다시 시청하게 되면 100%가 넘게 표시될 수 있는 지표이지요. 하지만 100%가 넘는 시청 지속 시간을 지니는 건 이제 시작하는 유튜브 크리에이터에게는 좀처럼 만나기 어려운 숫자입니다.

시청 지속 시간이 길다는 것은 시청자들이 내 영상 콘텐츠를 얼마나 관심 있게 보았는지를 나타내

---

[72] "시청시간 늘리는 실질적인 방법 조회 완료율을 높여보자", <유튜브랩 2.0>, 2018. 10. 19. https://youtu.be/zdn4mOZBSMw

는 수치인데요. 그것을 늘린다는 것은 시청자의 영상 콘텐츠 집중도를 높이는 일이고, 나아가 영상을 열심히 봐주신 시청자분들일수록 충성 구독자가 될 가능성이 높으므로 구독, 다른 영상 시청으로 이어질 수 있습니다.

시청 지속 시간을 잘 이해하기 위해서는 그래프를 읽는 눈을 길러야 합니다. 다음의 그래프를 함께 읽어 봅시다.

첫 번째 그래프를 보면 시작하는 부분에서 이탈이 가장 많고 그 상태를 그대로 이어가는 모양을 보입니다. 영상을 보자마자 나간 사람들이 많다는 것을 뜻합니다. 이런 그래프가 자주 보인다면 영상의 시작 부분부터 시청자들의 마음을 사로잡을 수 있는 전략을 사용해야 합니다.

도입부 구간에서 이탈자가 많은 콘텐츠의 시청지속시간 그래프

영상 시작 부분에서 어떤 구도로 등장할지 정해보세요. 배경보다 인물이 돋보이는 '바스트 샷', 과 얼굴을 확대한 '클로즈업 샷'으로 등장해 보세요. 사람이 직접 등장하는 화면이 그렇지 않은 화면보다 시선을 조금 더 잡아 둘 가능성이 높습니다. 만약 얼굴이 등장하지 않는 영상이라면 캐릭터를 활용하는 것도 좋은 방법이 될 수 있습니다.

다른 방법으로는 도입부의 영상 속도를 굉장히 빠르게 하여 집중을 유도하는 방식도 좋습니다. 하이라이트 화면을 배치하거나, 영상 속의 리액션 특히 웃음을 위주로 한 화면을 1초에서 2초 정도 속도감 있게 전환하는 방식은 예능 콘텐츠에서 자주 볼 수 있는 방식입니다.

교육 채널의 같은 경우에는 유튜브랩처럼 시작 지점에서 "이번 영상에서 배울 내용은 이러이러합니다. 궁금하시다면 계속 봐주세요." 같은 멘트를 사용하는 것도 도움이 됩니다. 어떤 내용을 배울 것이고, 어떻게 문제를 해결할 것인지 호기심을 자극하는 것이지요.

두 번째 그래프는 일반적으로 자주 볼 수 있는 그래프입니다. 영상의 후반부로 갈수록 사람들이 이탈하는 형태입니다.

이런 형태의 경우, 시청 지속 시간을 실질적으로 늘리는 방법은 지루하지 않은 영상으

영상 후반부로 갈수록 사람들이 이탈하는 시청지속시간 그래프

로 "조금 더 볼까?"하는 마음을 갖게 하는 것입니다. 어떻게 해서 조금 더 보게 하느냐 구체적인 방법을 알려 드리자면 중간중간 유머 코드를 삽입하는 것인데요. 유튜브 측에서 조회 완료율이 높은 영상들을 조사한 결과, 조회 완료의 50%가 유머가 있는 영상이었다고 해요. 유머 코드라고 해서 엄청나게 웃기기 보다는 '피식'할 정도면 충분한 거 같아요.

카메라를 넘어서 사람을 웃게 하는 것이 쉽지 않다면 "발랄하고 신나는 음악"을 배경 음악으로 활용해 보세요. 음악 자체가 주는 분위기가 영상을 더욱 신나고 흥미롭게 보이게 하므로 시청 지속 시간을 늘리는 데 도움을 줄 수 있습니다.

거의 수평이 유지되는 세 번째의 그래프 형태를 보셨다면, 동영상을 처음부터 끝까지 보시는 시청자분들이 많다는 것을 뜻합니다. 이런 그래프를 보게 된다면 시청 지속시간을 늘리는 전략에 연연하기보다는 시청자들이 앞으로 해당 영상을 다시 보게 하거나 다른 사람에게 공유할 수 있게 유도하는 것이 좋습니다.

꾸준히 영상을 보고 있는 형태의 시청지속시간 그래프, 영상이 끝나기 직전에 시청자들이 나가는 것을 알 수 있다.

채널 파워를 키우는 구독자 수 늘리는 법[73]

모든 유튜브 크리에이터는 구독자가 0명인 상태로 시작합니다. 1,000만 구독자를 지닌 유튜브 크리에이터 역시 처음 시작할 때는 구독자가 0명이었습니다. 그러니 이제 막 유튜브를 시작하신 분들은 구독자가 0명이라고 해서 걱정할 이유가 없어요. 이제부터 시청자 한 분 한 분을 나의 구독자로 모시면 되는 일이니까요.

특히나 영상의 개수가 적은 크리에이터분들은 구독자에 대한 조바심을 내려놓으시면 좋겠습니다. 영상을 4~5개 올리고 "저는 왜 구독자가 늘지 않는 걸까요?" 하신다면 지금 문제는 영상의 퀄리티나 메타데이터 전략보다는 콘텐츠를 주기적으로 업로드하는 것이 먼저입니다.

영상 콘텐츠를 시청하는 것은 채널에 영상이 몇 개 있느냐보다는 검색이나 유튜브 추천의 결과로 이뤄지는 경우가 많습니다. 그래서 영상의 수가 적어도 높은 조회 수를 기록할 수도 있죠.

하지만 구독의 경우는 다릅니다. 내가 원하는 영상이 충분한 양이 존재하는지 시청자는 채널을 살펴보고 구독을 결정합니다. 영상 하나가 마음에 들었다고 해서 바로 구독을 하는 경우보다는 마음에 드는 영상을 여러 편 보고 "요즘 이 크리에이터 괜찮네. 구독해야지" 하는 경우가 잦으니까요. 잘 생각해 보시면 영상이 적거나, 영상을 올리는 주기가 들쭉날쭉한 크리에이터를 구독하시는 경우보다는 영상이 많고 자주 올라오는 채널을 구독하신 경험이 더 많으실 거예요.

1인 크리에이터에 대한 전문적인 데이터를 제공하는 "녹스인플루언서"의 조사에 따르면, 1만 구독자 달성에 필요한 영상은 평균 39개였다고 합니다. 그렇다면 구독자가 10만 명이 되기 위해서는 390

73 "구독자수 늘리는법 구독자0명 걱정하는 당신에게", <유튜브랩 2.0>, 2017. 09. 08, https://youtu.be/joaSohukL8M

개의 영상이 필요할까요? 놀랍게도 구독자 10만 명을 달성하기 위해서는 평균 80개의 영상이 필요했다고 합니다.[74]

영상의 수나 정기적인 업로드를 하고 있다면 이젠 구독을 위한 전략을 펼쳐 봅시다. 구독자 수를 빠르게 늘리고 싶을 때 꼭 해야 하는 일은 영상 속에 '구독을 요청하는 멘트'를 하는 것입니다.

앞서 배운 최종 화면의 구독 버튼을 영상 속에 삽입하는 동시에, 직접적으로 유튜브 채널 구독을 부탁하는 말과 구독 버튼을 가리키는

구독 유도 멘트와 제스처를 취하는 유튜브랩 허PD

동작을 함께 진행해 보세요. 실제로 어디를 누르는지 몰라서 구독을 못 하는 분들도 계십니다. 영상 자체에 푹 빠져들어서 구독해야겠다는 생각을 잊은 시청자들도 계시고요. 이 때 구독 요청 멘트는 시청자들에게 좋은 영상에 대해 구독을 떠올리게 할 수 있습니다.

재미있는 예능 위주의 영상 콘텐츠를 업로드하시는 분들이라면 재미있는 영상을 더 즐기고 싶어서 구독을 깜빡하고 관련 영상으로 가는 경우도 있으니 꼭 구독에 대한 말씀을 영상 속에서 하시기를 추천해 드려요.

구독자 0명을 벗어나는 또 다른 방법은 바로 '채널 배너 이미지'를 잘 가꾸는 것입니다. 시청하시다가 구독을 하겠다고 생각하시는 분들은 "과연 이 채널이 내가 구독할 만한 가치가 있는가?"하고 탐색하는 경향이 있습니다. 그럴 때 가장 빠르게 채널의 주제와 업로드 주기를 알려줄 수 있는 공간이 채널 배너 이미지와 정보란인데요. 보통 채널의 정보까지 클릭해서 가는 경우가 적으므로 배너 이미지를 잘 만들어 보세요.

배너 이미지를 가꾸는 것은 채널을 만들 때 완료했다면 이제 남은 것은 홍보입니다. 홍보할 때에는 불특정 다수에게 하는 것보다 '내 영상 콘텐츠 주제에 흥미가 있는 사람들'을 찾아 홍보하는 것이 효과적입니다. 인터넷 커뮤니티나 네이버/다음 카페를 활용하는 것도 좋은 방법입니다. 커뮤니티와 카페는 하나의 주제로 사람들이 많이 모인 곳이기 때문이죠.

내 채널을 홍보할 때 너무 홍보 티가 나지 않게 주의하세요. 충분히 커뮤니티와 카페의 규칙을 숙지하고 활동을 하시면서 채널의 존재감을 알리는 것이 무턱대고 "제 채널 보러 와 주세요."하는 것보다

---

74 "유튜브 채널 구독자 1만명&10만명 달성하는데 필요한 시간에대한 통계", <녹스인플루언서 블로그>, 2021. 03.30 https://noxinfluencer.tistory.com/

효율적입니다.

어떤 커뮤니티에서 활동하는 것이 좋은지, 어떤 카페에 내 콘텐츠의 주제에 관심 있어 하는 사람들이 있는지 잘 모를 경우에는 주제별 카페를 참고해 보세요. 다양한 카테고리별로 카페를 정리해서 보여주기 때문에 주제별 카페를 잘 돌아다니는 것만 해도 콘텐츠 아이디어를 얻을 수도 있고 홍보하기 좋은 곳을 찾을 수도 있습니다.

ⓐ 네이버 카페 '주제별 카페'

주제별 카페를 다 돌아다녀 봐도 홍보 효과가 없으신 분들은 네이버 대표카페를 살펴보세요. '인기카페, 알찬카페, 루키카페'를 돌아다니며 사람들이 요즘 좋아하는 것들을 확인해 보세요. 커뮤니티에서 인기있는 유튜브 영상이 어떤 것인지 확인하면 내 콘텐츠를 소개하거나 홍보했을 때 효과가 좋은지 아닌지 금방 알게 되실 거예요.

ⓐ 네이버 카페 '대표 카페'

물론, 콘텐츠 자체가 좋으면 시청자분들이 자발적으로 내 채널을 알리는 바이럴 홍보 효과가 일어나기 때문에 홍보 활동에 주력하기보다는 우선적으로 영상 콘텐츠에 심혈을 기울이세요. 홍보는 그 다음이라는 사실, 잊지 마세요!

**조회, 구독자 수가 제자리걸음이에요[75]

유튜브랩은 댓글을 찬찬히 읽고 댓글을 다시는 분들의 채널에도 다 들어가 전반적인 상황을 체크합니다. 댓글이 영상의 성공 기준인 만큼 꼼꼼하게 확인합니다. 이 과정에서 영상 콘텐츠의 아이디어를 얻는 경우가 많습니다. 어떤 부분을 알려주면 도움이 될지, 이분에게 어떤 정보를 알려 드려야 채널 성장에 유리할지 확인하게 되는 소중한 시간이거든요.

그런데 댓글을 다는 시청자분들은 바뀌는데 내용은 거의 동일한 댓글들이 있습니다. "조회 수가 오

---

75 "조회수 구독자수 제자리걸음 나는 유튜브 그만해야 할까?", <유튜브랩 2.0>, 2017. 12. 29, https://youtu.be/yH32COXejq4

르지 않아요."라든가, "구독자가 오히려 줄어들어요."라든가, "저랑 친구랑 같이 시작했는데 제 친구 채널은 잘 되는데 저는 왜 잘 안될까요?"와 같은 내용입니다. 결국 '채널 성장이 제자리걸음이라 속상하다.'는 내용은 늘 이어지고 있습니다. 채널 운영을 하는데 어느 순간부터 구독자 수와 조회 수가 멈칫할 때, 크리에이터분들이 슬럼프에 빠지기 쉽습니다.

댓글을 보고 채널을 분석한 후 관련 영상 강의가 올라가면 해당 채널을 다시 찾곤 합니다. 대체로 슬럼프에 빠진 것으로 보였던 채널들은 얼마 가지 않아 운영을 멈추는 경우가 많습니다. "이 문제를 해결하려면 어떻게 해야 할까?" 고민하던 차에 봉사활동 강연을 들으러 다녀왔어요.

노숙자분들의 주거 상향을 돕는 봉사단체인 '쪽방 상담소'의 강연이었는데요. 봉사활동이 필요한 이유와 에피소드를 알려 주시다가 이런 말씀을 하시더라고요. 지원금을 받기 위해 주거 상향에 대한 브리핑을 다니면 "그런 사람들에게 줄 돈은 없다. 주면 술이나 사 먹는다. 밑 빠진 독에 물 붓기다."라고 반응하시는 분들이 대부분이래요. 쪽방 상담소 운영진께서는 그때마다 "콩나물시루에도 구멍은 있다. 하지만 콩나물이 자라지 않느냐?"라고 하신대요.

이 이야기가 제게는 '성장이 멈추어 마음이 어려운 크리에이터분들께 해답이 될 수 있겠구나!' 하는 깨달음을 주었습니다. 지금의 노력이 밑 빠진 독에 물을 붓는 것처럼 쓸데없는 것으로 보일 수도 있습니다. 조회 수나 구독자 수에 진전이 없는데 기획과 촬영, 편집과 업로드를 하는 일이 버겁게 느껴질 수 있습니다. 당장 원하는 결과를 얻지 못할 수 있어요. 하지만 밑 빠진 독에 물을 붓다 보면 어느새 콩나물이 자라듯 채널이 쑥쑥 어느 순간 자라 있을 겁니다.

ⓐ 채널 성장 예시 그래프. 우리 함께 이렇게 성장해 봅시다!

CHAPTER 02

유튜브로 돈 벌기

유튜브 크리에이터로 돈을 번다는 것은 수익, 그러니까 돈 그 이상의 의미를 지닙니다. 내 콘텐츠를 대중에게 "인정받는다."는 느낌도 강해요. 유튜브 활동을 할 수 있게 힘을 주는 요소 중 하나인 유튜브로 수익을 받는 방법에 대해 알아봅시다.

▶ ▶❙ 🔊 *16:15/17:56*　　　　　　　　　　　　　　　　　　　　　　　🔘▶ ▣ ▭ ⛶

유튜브로 돈 벌기를 위한 광고 시스템의 이해

유튜브에서 돈을 벌기 위해서는 먼저 '유튜브 파트너 프로그램(YouTube Partner Program, YPP)'에 참여해야 합니다. 유튜브 파트너 프로그램에 참여하려면 커뮤니티 가이드 위반 경고가 없고, 구독자 1,000명과 12개월간 공개된 동영상이나 라이브 스트림의 4,000시간의 시청시간을 확보하거나, 구독자 1,000명에 90일 안에 공개된 쇼츠 영상의 조회수가 1,000만회를 달성해야 합니다. 만 18세 이상

YOUTUBE 파트너 프로그램 자격요건

👤 **1,000명** 구독자 수	➕	▶ **4,000시간** 공개 동영상의 유효 시청 시간 (지난 12개월간)
		또는
		▶ **1,000만회** 공개 Shorts 동영상의 유효 조회수 (지난 90일간)

⊛ 유튜브 파트너 프로그램 자격요건[76]

이거나, 법적 보호자가 있어야 하며, 유튜브 파트너 프로그램이 제공되는 국가에 거주해야 수익을 받을 수 있습니다. 대한민국은 유듀브 파트너 프로그램이 제공되는 국가입니다.

유튜브 채널 관리를 열심히 하면 유튜브가 정한 수익 창출 기준을 넘게 될 것입니다. 수익 창출 허가를 받게 되면 이제 나의 영상 콘텐츠 앞에 광고를 붙일 수 있게 되죠. 엄밀히 말하면 유튜브 광고 수익을 벌기란 쉽지 않습니다. 그래서 유튜브는 크리에이터의 수익을 늘리기 위해 유튜브 프리미엄(YouTube Premium) 수익을 제공하고 있습니다. 유튜브 프리미엄 구독자가 내 콘텐츠를 시청하면 구독료의 일부를 지급받는 형태입니다. 또 다른 방법으로는 유튜브 쇼핑(YouTube Shopping)이 있습니다. 자체 제품을 판매할 때는 구독자 수가 500명만 되어도되지만, 다른 브랜드의 제품을 판매할 때는 구독자가

---

76 "채널 성장에 가장 필요한 기준", <유튜브랩 2.0>, 2017.12.22, https://youtu.be/fKgle5zeCKQ7827633309927693704-AP

20,000명을 넘어야 합니다. 채널이 아동용이 아니여야 한다는 조건이 하나 더 붙습니다.

다시 유튜브 광고로 돌아와, 광고 시스템에 대해 간단히 알아보겠습니다. 유튜브에 광고를 게재하고 싶은 광고주가 구글 애드에 광고를 등록합니다. 광고가 집행되면 구글 애드센스에 연동된 유튜브 채널의 콘텐츠 앞 혹은 중간, 끝에 광고주의 광고가 재생이 됩니다. 시청자들이 광고를 일정시간 이상 보거나 클릭을 합니다. 해당 채널의 유튜브 크리에이터는 조건에 맞게 재생된 광고에 한해서 구글 애드센스 정산을 통해 수익금을 받습니다.

	건너뛸 수 있는 인 스트림 광고	인피드 광고	건너뛸 수 없는 인 스트림 광고	범퍼 광고	아웃스트림 캠페인
차별화된 장점:	사용자가 건너뛸 수 있으므로 조회에 대해서만 비용이 청구됨	탐색 및 검색 단계에서 참여도가 높은 사용자에게 표시됨	건너뛸 수 없으므로 사용자가 메시지 전체를 보게 됨	인지도를 높이거나 다른 광고를 강조하기 위해 건너뛸 수 없는 짧은 메시지	Google 외부의 사용자가 좋아하는 사이트를 탐색할 때 인지도를 높임
게재 위치	YouTube 동영상, GVP	YouTube 홈 피드, YouTube 검색	YouTube 동영상, GVP	YouTube 동영상, GVP	GVP
최대 동영상 길이	최대 길이 없음(3분 미만 권장)	최대 길이 없음	15~30초	6초	최대 길이 없음
Google Ads에서 조회수가 보고되나요?	예	예	아니요	아니요	예
공개 조회수를 늘릴 수 있나요?	예(10초 미만의 동영상은 늘릴 수 없음)	예	아니요	아니요	예
시청자에게 리마케팅할 수 있나요?	예	예	아니요	아니요	예

🌐 동영상 광고 형식과 특징, 광고주는 목적에 따라 광고 형식을 선택하여 캠페인을 진행한다. 건너뛸 수 있는 인스트림 광고, 건너뛸 수 없는 인스트림 광고, 범퍼광고가 유튜브 동영상에 게재되는 것을 확인할 수 있다. [77]

---

[77] "동영상 광고 형식에 대한 정보", <유튜브 고객센터>, https://support.google.com/youtube/answer/2375464?hl=ko&sjid=782763330992769 3704-AP

인터넷, TV, 뉴스 할 것 없이 미디어에서 유튜브 크리에이터들이 한 달에 수천만 원에서 수 억 원을 벌었다는 기사를 싣고 있습니다. "시작한 지 얼마 되지도 않았는데 돈을 많이 버는구나.", " 영상 하나 잘 만들면 쉽게 돈을 벌 수 있구나."하고 오해하시는 분들도 있습니다. 그 돈을 벌기까지 유튜브 크리에이터가 해온 노력이나, 편견과의 싸움보다는 돈을 많이 버는 것에만 초점이 맞춰져서 그런 게 아닌가 합니다.

국세청이 발표한 자료에 따르면, 2021년 수입을 신고한 1인 미디어 창작자(3만 4219명) 가운데 상위 1%인 342명이 연평균 7억 1300만원을 벌었다고 해요. 하지만 하위 50%는 연평균 수입이 40만원인 것으로 밝혀졌습니다.[78]

돈을 벌기 위해 뛰어들게 되면 괴로운 공간이 바로 유튜브입니다. 원하는 만큼의 안정적인 수입이 나오기 위해서는 정말 많은 시간과 노력이 필요합니다. 처음에 유튜브를 시작할 땐, 유튜브 광고 수익은 부수입 정도로 마음을 편하게 먹고 시도하시기를 추천합니다.

파트너 프로그램 기준 완화와 다양한 수익 창출 방법

유튜브 광고 수익만으로 직업을 대체하기 위해서는 어려움이 있다는 말씀을 드렸습니다. 그래서 유튜브가 프리미엄 수익이나 쇼핑 수익 등을 크리에이터와 나누고 있다고도 알려드렸는데요. 최근 유튜브에서는 크리에이터들의 수익을 극대화하기 위한 방안을 내어 놓고 있습니다.

먼저, 2023년 2월부터 진행된 쇼츠 수익이 있습니다. 이전에는 쇼츠 펀드(Fund)를 통해 일부 크리에이터들이 랜덤하게 수익을 받았다면, 이제는 쇼츠에서도 광고 수익을 벌어들일 수 있게 되었습니다.[79] 2023년 강의와 컨설팅에서 구독자가 30만, 50만, 심지어 200만인 크리에이터 분들도 쇼츠 광고에 대해 뜨거운 관심을 보였습니다.

쇼츠 광고 수익은 일반 동영상 광고와는 조금 다른 양상을 가지고 있습니다. 쇼츠 피드에 올라오는 쇼츠 영상 사이에 광고가 들어갑니다. 보통 쇼츠 영상이 여러 개 나오고 쇼츠 형식을 띈 광고가 하나 나오는 경험 하셨을거예요. 여러 개의 영상들이 광고 영상에 대한 수익을 나눠 갖는 구조입니다.

78 안유진 기자, "월수입 6800만원?...200만 유튜버 수익공개, 실상은?", <서울경제>, 2023.08.16 https://www.sedaily.com/NewsView/29TFHQQ45N
79 "YouTube 파트너 프로그램의 Shorts: 자격요건, 광고 수익 공유, 분석", < YouTube 크리에이터>, 2023.02.02 https://youtu.be/Bl9l06sLnhE?si=U96i7rESYbNtSP3U

또 다른 수익 창출 방법들을 이해하기 위해서는 2023년 6월 완화된 수익 창출 조건에 대해 이해해야 합니다. 완화된 요건은 다음과 같습니다. 구독자 500명에 공개된 영상을 3회 이상 업로드하면서 1년 간 3,000시간의 시청시간을 가지거나 90일간 300만 회의 조회수를 지니면 됩니다. 기존의 구독자 1,000명에 4,000시간, 1000만회 조회수에 비해 충족해야 하는 조건이 많이 쉬워진 것이 사실입니다.

아래 기준을 충족하는 대상 국가의 크리에이터는 YouTube 파트너 프로그램 가입 신청을 할 수 있으며, YouTube Shopping을 통한 자체 제품 홍보 및 팬 후원 기능을 이용할 수 있습니다

✔ 구독자 수 500명

✔ 공개 동영상의 유효 업로드 3회
(지난 90일간)

그리고 다음 중 한 가지 조건 충족

〉 공개 동영상의 유효 시청 시간 3,000시간
(지난 1년간)

또는

공개 Shorts 동영상의 유효 조회수 300만 회
(지난 90일간)

ⓧ 완화된 유튜브 파트너 프로그램 조건, 유튜브 쇼핑과 후원 기능을 이용할 수 있다.[80]

수익 창출 조건이 완화되었다는 소식에 많은 크리에이터들이 수익 증진을 기대했었습니다. 하지만 이 조건으로는 광고 수익과 프리미엄 수익, 다른 제품 판매를 위한 쇼핑 수익은 벌 수 없습니다. 이 조건으로 진행할 수 있는 수익 창출 방법은 다음과 같습니다.

- 유튜브 쇼핑(YouTube Shopping): 시청자들이 내 스토어의 제품을 구입합니다.
- 채널 멤버십: 채널 멤버십을 가입한 회원에게 특별한 혜택을 제공하고, 그 대가를 월 이용료로 받습니다.
- 슈퍼 챗, 슈퍼 스티커(Super Chat 및 Super Sticker): 시청자들이 실시간 라이브 방송에서 자신의 채팅, 이미지를 눈에 띄게 만들기 위해 슈퍼 챗, 슈퍼 스티커를 구매합니다.
- 슈퍼 땡스(Super Thanks): 시청자들이 동영상, 쇼츠에 자신의 메시지를 눈에 띄게 만들기 위해 슈퍼 땡스를 구입합니다.

기존 유튜브 파트너 프로그램을 가입하신 분들 역시 위의 수익 창출 방법을 통해 수익을 벌 수 있습니다. 유튜브가 더 많은 크리에이터들에게 수익을 나누기 위해 일부 기능을 오픈했다고 보는 것이 맞겠습니다. 예전에 비해, 유튜버분들에게 더 많은 수익의 기회가 열리게 된 것이 기쁩니다. 내 콘텐츠로 돈을 버는 경험은 크리에이터에게 큰 동기부여가 될 것입니다. 조바심을 내려놓고, 투기하는 마음만 가지지 않는다면, 차근차근 콘텐츠를 제작한 노력을 수익으로도 보상받으실 수 있기를 바랍니다.

수익을 더 잘 낼 수 있는 2가지 비밀

유튜브 파트너 프로그램으로 크리에이터분들의 수익을 잘 내는 공통점이 2가지 있기에 공유합니

80 "YouTube 파트너 프로그램을 더 일찍 시작할 수 있는 새로운 자격 기준", <YouTube 크리에이터>, 2023. 6. 14. https://youtu.be/XK-M1zs23erc?si=by3-P7-PKSFsvCBv

다. 첫 번째는 바로 시청자들의 '충성도'입니다. 여기서 말하는 충성도란, 콘텐츠를 반복적으로 시청하는 구독자 분들의 행동이나 태도를 말합니다. 마케팅에서 자주 사용하는 '고객 충성도'와 같다고 보시면 됩니다.

영상 전이나 중간에 건너 뛸 수 있는 광고는 적어도 30초 이상 보아야 크리에이터들에게 수익이 돌아간다고 합니다. 아주 정확한 시간이라기 보다는 대략적으로 30초라고 생각하시면 됩니다. 시청자들은 건너뛰기를 누르는 경향이 있지만 충성도가 높은 구독자 분들은 대개 시간을 들여 광고를 보시기도 합니다. 유튜브 광고, 멤버십, 슈퍼챗은 시청자보다 구독자가 많이 사용하고, 구독자 중에서도 '충성된 구독자 층'이 더 많이 사용합니다.

구독자가 시청자보다 크리에이터의 영상을 좀 더 오래 자주 보는 것으로 집계되기 때문에 구독자는 크리에이터가 돈을 벌기 위해서 꼭 필요한 분들입니다. 구독자 수가 바로 수익을 의미하는 것은 아니지만 충성도가 높은 구독자가 많을수록 크리에이터의 수익은 높습니다.

더 큰 수익을 창출하기 원하신다면 구독자들이 원하는 것이 무엇인가 알아보고 그들을 충성된 구독자층으로 올리시는 노력이 필요합니다. 나의 콘텐츠를 구독자가 자주 주기적으로 계속해서 오랫동안 보도록 콘텐츠를 구성하는 것도 수익을 더 많이 벌 수 있는 전략이 되겠네요.

두 번째는 바로 참여도입니다. 유튜브 스튜디오에서 말하는 참여도와는 차이가 있습니다. 충성도가 콘텐츠나 크리에이터의 매력을 느끼는 구독자들의 행동이라면, 참여도는 구독자가 아니더라도 크리에이터와의 상호작용이나, 광고에 등장하는 상품이나 서비스에 관심을 가지는 사람들의 행동입니다. 더 보기란에 유료광고를 진행한 제품의 사이트 주소를 제공했을 때 해당 주소를 클릭하여 사이트로 이동하는 것이 대표적인 참여도가 높은 시청자의 행동입니다. 주로, 크리에이터보다 광고주가 좋아하는 행동입니다.

참여도를 높이려면 광고와 내 콘텐츠 사이에 긴밀한 관계가 있어야만 합니다. 충성도가 구독자와 시청자의 니즈를 충족시켜야 얻을 수 있는 것이라면, 참여도는 시청자가 흥미롭게 생각하는 것과 누가 광고를 봐주길 원하는가, 즉 시청자와 광고주의 니즈를 충족시켜야 얻을 수 있습니다. 구독자와 시청자를 향한 면밀한 조사와 분석이 있어야 합니다.

이제 여러분도 충성도와 참여도를 높이기 위한 자신만의 전략을 찾아보세요. 같은 출발선에서 시작하신 크리에이터분들보다 더 높은 수익을 벌게 될지도 모르니까요.

오프 플랫폼 수익을 노려보자

2022년 8월 17일 옥스퍼드 이코노믹스에서 발행한 보고서가 발표되었습니다. 2021년 한국 국내 총 생산(GDP)에 대한 유튜브 창작 생태계의 기여분이 2조원을 넘는다는 내용이었는데요.[81] 유튜브 콘텐츠가 촉매제가 되어 수익활동에 긍정적인 영향을 끼쳤다는 것을 알 수 있습니다. 실제로 전업 크리에이터들 중에는 직접 수익보다 간접 수익인, 팬미팅, 방송 활동, 공연 등을 통해 더 많은 수입을 벌기도 합니다. 유튜브 파트너 프로그램 수익만큼이나 매력적인 오프 플랫폼 수익에 대해 알아봅시다.

오프 플랫폼 수익 방법은 정말 다양합니다. 〈클래스101〉에서 진행하는 "강의만족도 100%, 찐 전문가의 유튜브 수익화 20가지 노하우[82]"에는 다음과 같은 수익화 방법들이 나옵니다. 강의를 들으시는 분들에게 피해가 가지 않도록 그 중 일부만 소개해 드리면 다음과 같습니다.

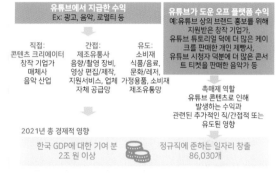

유튜브 파트너 프로그램에서 나오는 수익이 유튜브에서 직접 지급한 수익이라면, 오프 플랫폼 수익은 유튜브를 통해 벌어들이는 간접적인 수익을 생각하면 된다.

- **OSMU 수익**: 유튜브에 업로드한 영상을 다양한 플랫폼에 바로 업로드하거나 약간의 수정을 거쳐 업로드 해 수익을 얻는 방법입니다. 유튜브 외 플랫폼 수입을 얻기도 하고 다른 수익화 방식을 돕는 역할도 합니다.

- **2차 콘텐츠 수익**: 유튜브 콘텐츠를 다른 콘텐츠로 재가공하여 얻을 수 있습니다. 완전히 장르를 변화시키거나, 내용의 변화를 많이 두어 얻는 수익입니다. 지금 이 책도 유튜브 콘텐츠를 책으로 재가공한 형태랍니다.

- **콘텐츠 광고 수익**: 콘텐츠 광고 수익은 내 채널에서 브랜디드 콘텐츠, PPL을 통해 광고주로부터 돈을 받습니다. 보통 "유료광고"로 표시되는 모든 영상을 말합니다.

- **MD 제작**: 보통 "크리에이터 굿즈"라고 불립니다. 컵, 볼펜, 키링과 같은 제품을 직접 제작하여 시청자와 구독자분들을 대상으로 판매하여 돈을 법니다. 요즘은 티셔츠나 모자와 같은 의류 생산도 활발합니다. 소장용, 수집용으로 많이 구입하며, 팬미팅 때 단체로 구입하기도 합니다.

- **후원/크라우드펀딩**: 직접적으로 받는 후원과, 후원에 대한 대가로 서비스나 선물을 제공하는 크라우드 펀딩도 활발합니다. 다만, 수익화를 위한 목적보다는 모금과 같은 형태를 더 많이 띄고 있습니다.

81   옥스퍼드 이코노믹스, 유튜브 "한국의 기회를 위한 플랫폼", https://kstatic.googleusercontent.com/files/28b6e6f4fe63b91b5bfb4a10ee0044d-08682cfdd2346d021ac7366c1995329d5ef3734d6e968877b783adeb1183d0786f38bd00b0bb4235ac2d296b8d69eff2c
82   커피캣(유튜브랩), "강의만족도100%, 찐 전문가의 유튜브 수익화 20가지 노하우", 클래스101, https://101creator.page.link/D2kT

- **영상 제작자 활동**: 보통 편집자로 많이 활동하지만, 기획, 촬영으로도 수익을 버는 크리에이터들이 늘고 있습니다. 특히 기관, 기업에서 인력을 많이 찾는 중이랍니다. 수강생 중에 고소득을 벌어들이는 분들이 가장 많이 포진된 분야이기도 합니다.

- **마케팅 활동**: 유튜브 광고, 콘텐츠에 대한 마케팅을 통해 수익화를 하는 방법입니다. 마케팅 지식이 있는 경우에 빠르게 수익화가 가능합니다. 유튜브랩 강사진의 40% 이상이 마케팅 강의인 것을 보면, 정말 많은 분들이 마케팅 영역에서 유튜브를 하고자 함을 알 수 있습니다. 잘하는 사람과 기업은 매우 소수인지라 앞으로 많이 성장할 수익화 방식이라 생각합니다.

클래스101에서 진행 중인 유튜브 수익화 온라인 강의

- **원데이클래스 / 라이브강의**: 원데이클래스와 라이브 강의는 스스로 오픈 할 수 있습니다. 구독자 분들을 대상으로 진행하는데요. 강의와 강연에 비해 소수의 인원으로 진행하여 차츰 차츰 입소문을 늘려가며 수익을 키울 수 있습니다. 처음에는 무료로 진행하다가 유료로 전환하는 경우가 일반적입니다.

강의에 소개된 수익화 방안은 이 외에도 12가지 방법이 더 있습니다. 어떤 방식이 자신과 어울리는지 체크할 수 있는 체크리스트와 구체적인 계획 수립 방법도 나와있어요. 처음엔 이 강의를 맡지 않으려고 했지만 강의 의뢰를 해오신 MD님의 말씀에 마음이 움직였답니다. "크리에이터들이 지속적으로 자신만의 콘텐츠를 제작할 수 있으려면 강력한 동기부여인 수익화가 필요하다."고요.

이 문장이 제게는 "돈을 버는 것도 중요하지만 왜 돈을 버는 것인가?"에 대한 고민을 하게 했습니다. 창작 활동을 더 활발히 하기 위해서 고군분투하며 돈을 버는 크리에이터분들이 계실 테니까요. 소수의 유튜버분들을 제외하면 거의 대부분은 사비를 들여 콘텐츠를 제작중임을 잘 알고 있기에 그분들께 조금이나마 도움이 되면 좋겠다는 마음으로 시작한 강의였습니다. 지금도 현실적인 수익화를 위해서 계속 공부하고 데이터를 확보하고 있습니다.

오프 플랫폼 수익은 YPP 보다 돈을 더 많이 번다고 하기는 어렵지만, 확실히 더 빨리 벌 수 있는 방법입니다. 기획, 촬영, 편집, 업로드가 익숙해지시면 "수익화"에도 관심을 가져 보시길 바라요. 이 수익화를 통해 하고 싶은 창작을 마음껏 할 수 있기를 바랍니다.

MEMO

 **PART 07**

크리에이터
활동을 위한
비밀 노트

이제 크리에이터 활동을 하시려는 분들과 이미 하고 계신 분들께
알려드리는 크리에이터의 비밀 노트 속 활동 노하우를 공개합니
다. 유튜브 활동을 더 오래 더 재밌게 할 방법들을 담았습니다. 앞
으로 콘텐츠 제작에 도움이 되기를 간절히 바랍니다.

크리에이터가 되고 싶은 당신에게 꼭 필요한 1가지

크리에이터가 되고 싶다면 왜 꼭 유튜브를 해야 하는지 이유가 필요합니다. 막연히 하고 싶다는 말에서 발전해서 정확하게 유튜브를 통해 얻고 싶은 것이 무엇인지 한 문장으로 말할 수 있는 편이 그렇지 않은 분들에 비해 더 좋은 퀄리티의 영상 콘텐츠를 만들고 훨씬 더 오래 유튜브 채널 운영을 하고 계십니다.

예를 들어 "유튜브가 하고 싶다."라는 생각이 들었다면 하고 싶다는 이유가 어디에서 기인했는지 찾아내는 것이 좋습니다. 유튜브 크리에이터 양성 과정 수업을 들으신 수강생분들을 집요하게 파고들어 그 이유를 몇 가지로 축약해 보면 다음과 같습니다.

- 유튜브에 대한 관심도가 높아진 사회 분위기에 맞추어 유튜브 채널 운영을 하는 유행의 선도 주자가 되고 싶다.
- 영상을 멋지게 담아내고 유튜브 채널에 공유하고 싶다.
- 유튜브 채널 운영을 통해 유명해지고 싶다.
- 유튜브 채널 운영을 통해 현재 하는 일의 홍보 효과를 얻고 싶다.
- 유튜브로 돈도 벌면 좋을 것 같다.
- 유튜브 채널이 있으면 취업에 도움이 될 것 같다.
- 하고 싶은 이야기가 있는데 유튜브가 좋은 기회가 될 것 같다.
- 취미 활동, 일기, 가족과의 추억을 기록용으로 남기고 싶다.

크리에이터가 되고 싶은 이유가 유명세(1~3), 수익(4~6), 창작 욕구(7~8) 정도로 정리가 됩니다. 굳이 하나 더 분류를 해내면 자기 계발(1~2, 6~8)도 있습니다. 이 외에도 크리에이터가 되고 싶은 이유가 있을 것입니다. 채널 주제와 소주제, 소재가 당장 떠오르지 않더라도 내가 크리에이터를 하고 싶어하는 이유가 무엇인지 방향만 잡을 수 있다면 이미 성공한 셈입니다.

크리에이터 활동을 하다가 슬럼프가 찾아올 때 왜 시작했는지 그 이유를 떠올려 보세요. 포기하면 편하다는 말이 있지만 이유를 떠올리면 오히려 포기를 택하기가 더 어렵습니다.

멈추지 않고 크리에이터 활동을 하게 하는 2가지 힘

멈추지 않고 크리에이터 활동을 하게 하는 것이 유튜브 크리에이터 활동의 핵심인지도 모릅니다. 유튜브 크리에이터뿐 아니라 꾸준히 무엇인가를 계속한다는 것은 쉽지 않습니다. 어쩌면 인간의 본능을 거스르는 행위가 아닌가 생각이 되기도 합니다. 운동을 꾸준히 하는 것도 건강한 식습관을 지키는 것도 일기를 매일 쓰는 것도 해야 하는 이유와 장점을 너무나 잘 알아도 실천이 어려운 걸 보면 말이에요.

이왕 크리에이터로 활동하기로 결심하셨다면, 해야 하는 많은 일 중에 2가지 힘을 길러 보세요. 시간을 지배하는 힘과 기록하는 힘을 말이지요. 이 두 가지만 들으면 무슨 말을 할지 감이 오신다고요? 자기계발서에서 자주 보던 말이라고요? 크리에이터 활동 노하우를 담은 비밀 노트랍니다. 지금 생각하신 것과 다른 내용이라고 자신 있게 말씀드리죠.

시간을 지배하는 힘이라고 하니, 가면을 쓰고 지구를 지키는 영웅이 지녔을 법한 이름처럼 느껴집니다. 사실 시간을 지배하는 힘은 영상 창작 활동을 하는 사람들이 모두 지니고 있는 창작 근육 중 하나입니다. 우리가 흔히 말하는 시간 관리나 끈기를 들여 긴 시간 작업을 하는 것이 아닙니다.

영상을 다루는 사람들은 시간이라는 강 속에서 과거와 현재, 미래라는 이름의 물고기를 카메라라는 그물로 낚아 올리는 사람들입니다. 흘러가는 시간을 영상으로 붙잡아 계속 반복하며 즐기고 사유하게 하는 사람들이죠. 그야말로 시간을 지배하는 힘을 지닌 사람들이 아닌가요?

그렇다면 시간을 지배하는 힘을 기르기 위해서는 어떻게 해야 할까요? 사람마다 이 힘을 내뿜는 원천이 달라서 똑같은 방법으로 단련하기는 어렵습니다. 어떤 사람은 촬영 능력을 기르는 것을 중요하게 여길 것이고 어떤 이는 편집, 어떤 이는 크리에이터의 연기력을 중요하게 여길 것입니다.

단련하는 방법조차 스스로 찾아야 하기에 저는 창작 근육이라고 부르는데요. 유튜브 전문 교육을 하면서 창작 근육이 탄탄한 사람들을 자주 만난 결과 어렴풋하게나마 소개해 드릴 수 있는 단련법이 있습니다. 바로 "시간을 떠올려 내어 영상화하면 어떤 시간으로 보이는가?"에 대한 답을 내는 것입니다. 3kg 아령 하나 던져주고 보디빌더 대회 나가라는 것 같은 느낌이지만, 일단 뭐라도 하려면 그 정도 아령쯤은 기본으로 들어야 하니까 예시를 보며 가볍게 시작해 볼까요?

예시 1 지금은 정오 12시 30분. 큰 창이 달린 방에서 촬영 중인데 밤에 혼자 술을 마시는 장면을 찍고 싶다, 어떻게 하지? (현재를 촬영하는데 미래의 저녁을 표현하는 법은?)

- 창문에 검은 종이를 붙이고 조명으로 필요한 최소한의 빛을 사용한다.
- 자막으로 "저녁 8시"라고 적는다.
- 친구로 보이는 등장인물이 주인공에게 "저녁밥은 먹었냐?"는 대사를 한다.
- 9시 뉴스 장면을 인서트샷으로 보여준다.
- 편집으로 화면을 어둡게 한다. 등등

예시 2 지금은 6월. 편집 시간을 계산하여 촬영해야 하므로 지금 찍은 영상은 12월에 업로드 된다. (현재 상황을 미래에 맞춰야 한다면?)

- 현재가 여름인지 모르게 계절감이 드러나지 않는 옷을 입는다.
- 크리스마스 소품을 진열하여 배경으로 사용한다.
- 추운 나라에 가서 촬영한다.
- 작년 겨울에 찍어둔 영상을 인서트 샷으로 사용한다. 등등

기록하는 힘은 앞서 말한 메모의 힘이 아니라 늘 카메라를 몸에 지니고 촬영하는 힘을 말합니다. 촬영하는 힘이라고 이름을 붙이면 촬영 장비를 다루는 능력이나 촬영의 구도, 각도 등을 계산한 촬영 방식에 대한 능력을 이야기하는 것 같아서 기록이라고 이름을 붙였습니다.

기록하는 힘이 중요한 이유는, 촬영으로 기록하는 것에 익숙해져야 좋은 화면을 얻게 되니까요. 좋은 화면은 시청 시간을 늘리는 데도 도움을 주는 중요한 요소입니다. 채널 운영에 도움이 되는 유익한 습관이 될 수 있습니다. 아! 그리고, 계속해서 콘텐츠를 만들기 위해서는 촬영본이 충분해야 하는 것은 물론이고요.

기록하는 힘을 기르는 빙법은 예전보다 한결 쉬워진 것 같습니다. 고화질을 품은 스마트폰 덕분에요. 카메라를 챙겨 나오지 않더라도 스마트폰의 영상 촬영 기능을 활용하면 됩니다. 처음에는 매일 10초 정도 영상을 하나 찍어 보세요. 익숙해지면 한동안은 타임랩스 기능만 촬영한다든가, 슬로우모션만 찍는다든가 하면서 스스로 숙제를 내어주는 것도 좋은 방법입니다.

주위 환경을 찍는 것이 습관처럼 몸에 배게 되면 이제는 내 얼굴과 목소리를 매일 매일 담는 연습을 해봅시다. 처음엔 한두 마디여도 충분합니다. 영상의 시작 인사만 매일 해본다든지, 하루의 기분을 이야기한다든지, 외국어 문장을 외워서 말한다든지 어떤 것이든 좋습니다. 나의 얼굴과 목소리를 기록하는 힘이 세어지면 콘텐츠 안에서 훨씬 자연스러운 모습을 얻을 수 있게 됩니다.

야외에서도 촬영에 익숙해지는 3가지 방법

집이나 사무실 등 스튜디오에서 촬영하는 경우에는 카메라와 나, 단둘이 촬영을 진행하게 됩니다. 혼자서 말하는 것도 쑥스럽고, 적응하기까지 시간이 걸리는데 사람들이 지나다니는 야외에서 촬영을 하려고 하면 막막한 것이 현실입니다.

야외에서는 카메라를 꺼내는 것조차 부끄러울 수 있습니다. 하지만 이제는 브이로그나 여행 영상 외에도 야외 촬영을 할 기회는 얼마든지 있습니다. 시간이 없어서 이동 중 촬영을 해야 한다든가, 현장감

을 담아야 해서 야외 촬영이 필요하다든가 하는 경우 말이죠.

사람들의 시선이 느껴지는 것 같아서 차마 카메라를 켜고 이야기를 못 할 것 같아도 야외 촬영에 한 번만 익숙해지면 아무렇지 않습니다. 저는 그 한 번이 무척이나 까다로웠습니다. 그래도 몇 번의 시행착오를 겪더니 곧 적응하더라구요. 어떻게 부끄러움을 극복했느냐 했더니 전해 준 메시지는 3가지였습니다.

1. **생각보다 사람들은 내게 관심이 없습니다.**

   다들 바쁜 하루를 보냅니다. 야외에서 촬영하는 사람을 보면 그저 눈에 띄니까 보는 것뿐입니다. 신기하기도 하고요. 하지만 정말 그뿐입니다. 신기하게 여기고 곧 본인의 일로 돌아갑니다. 몇 초간의 시선만 견디면 영상을 찍는 데 무리가 없습니다.

   마찬가지로 촬영하다 보면 나도 주위 사람들을 신경 쓸 겨를이 없습니다. 화면에 나오는 내 모습을 보고 내가 해야 할 말을 하기에도 바쁘거든요. 통행이나 진로에 방해가 되지 않아야 하니까 사람들을 주시하고는 있어도 한 사람 한 사람의 시선을 생각할 틈이 없습니다.

   가끔 구독자나 시청자분들을 야외에서 만나기도 합니다. 반갑게 인사하고 알아봐 주신 감사함을 표하면 또 금방 삶 속으로 돌아갑니다. 구독자나 시청자분들도 그럴진대 우리를 알아보지 못하는 분들은 어떨까요? 생각보다 관심이 없다는 표현보다 생각조차 하지 않는다가 더 맞는 표현인지도 모르겠습니다. 야외 촬영을 해 본 경험상, 사람들은 정말 놀라울 정도로 관심을 주지 않을 때가 더 많습니다.

2. **어차피 인터넷 속 사람들이 볼 영상이다.**

   유튜브 채널을 운영하면서, 내가 만든 영상을 가능한 많은 사람이 보게 하려고 최선을 다하잖아요? 인터넷 속 사람들과 야외에 계신 사람들은 같은 사람입니다. 어차피 누군가 보라고 만드는 영상이니, 그 영상을 찍는 과정을 보여주는 것에 부담을 지니지 마세요.

3. **조금 후면 다른 사람들도 다 야외에서 영상 촬영을 하게 될 것이다.**

   10여 년 전만 하더라도 식사 전에 음식 사진을 찍는 일은 굉장히 부자연스러운 일이었습니다. 먹을 음식을 왜 촬영하는지도 몰랐지만, 예쁜 사진을 건지기 위해서 맛있는 음식을 눈앞에 두고 기다리는 일이 곤욕이었습니다. 그런데 이제는 식당에 가든, 카페에 가든 사진을 찍는 시간을 기다려 주는 문화까지 생겼죠.

   어떤 문화든지 자리 잡기 전까지는 어색하게 여겨집니다. 누군가는 비웃음의 대상으로 삼을지도 모릅니다. 영상 콘텐츠로 자신을 표현하는 일은 매우 당연한 일이 될 것입니다. 학교에서 글쓰기를 배우고 악기를 배우고, 노래를 배우는 것처럼 자기표현의 일부가 될 것입니다.

   글을 쓰고 표현하는 것도 아주 예전에는 소수에게만 허락된 일이었지만 이제는 누구나 쓸 수 있습니다. 몇십 년 전에는 영상 촬영과 편집이 소수에게만 허락된 일이었지만 이제는 누구나 찍을 수 있게 되었고 앞으로도 더 대중화될 것입니다. 그러면 지금은 창피하게 보이는 일이 곧 당연하게 여겨지게 되겠죠?

아주 조금 후면 다른 사람들도 당연하게 야외에서 영상 촬영을 하게 될 거예요! 내가 시대의 첨단을 걷는구나! 하고 생각하시면 됩니다.

내 영상 오글거려도 잘 편집하는 4가지 방법

크리에이터 양성 과정에서 가장 많이 하는 말씀이 영상에 나온 내 얼굴을 보는 것이 편집을 어렵게 한다는 것이었습니다. 오글거린다는 표현도 참 많이 사용하셨어요. 내 영상이 아무리 오글거려도 편집이 되면 멋진 유튜브 콘텐츠가 됩니다. 멋지고 세련된 영상 콘텐츠를 위해 내가 찍은 영상이 오글거려도 잘 편집하는 4가지 방법에 대해 알려드릴게요.

1. **영상 속 내 얼굴에 익숙해지세요.**
   익숙해지는 데 걸리는 시간은 길지 않습니다. 영상 편집 2~3개만 하시면 곧 내 얼굴에 적응이 됩니다. 영상 속 내 목소리도 적응이 됩니다. 나를 가장 자주 본 사람은 결국 '나'예요. 그 얼굴과 가장 친한 사람은 '나'랍니다. '영상 속의 나'와도 곧 다시 친해질 거예요.

2. **유튜브 편집은 결국 나와 나의 대화입니다.**
   촬영했을 때의 나와 편집을 할 때의 내가 하나의 영상을 만들어 가는 과정이 유튜브 영상 콘텐츠 작업입니다. 나와 내가 영상 콘텐츠라는 결과물을 위해 계속 의견을 주고받아요. 편집을 나와 가지는 수다 시간이라 여겨보세요. 편안한 마음이 들죠?

3. **이 영상이 가지고 올 긍정적인 효과를 기대하세요.**
   이 영상을 최선을 다해 만들면 원하는 목표를 이룬다고 가정해 보는 거예요. 저는 촬영이 심적으로 부담이 될 때 저 자신에게 이렇게 말하곤 합니다. "유튜브랩 영상을 만들면 먼저 유튜브에 대한 내 이해가 깊어진다. 이 영상으로 인해 시청자분들의 고민도 해결될 것이며 유튜브와 관련된 루머로 공생하는 분들이 적어질 것이다. 성장을 꿈꾸는 간절한 유튜버들에게 이상한 정보를 이용해 피해를 주는 사람들도 적어질 것이고 유튜버를 꿈꾸는 분들이 현실적인 정보를 얻게 될 것이다." 뭐 이렇게 스스로 얻을 수 있는 모든 긍정적인 효과를 되뇝니다. 이렇게 말하고 나면, 편집할 힘이 생기고, 조금 부끄러웠던 마음은 어느새 사라지고 없어진답니다.

4. **나중에는 편집 시간이 줄어듭니다.**
   편집은 시간이 갈수록 실력이 늘어납니다. 1시간 편집을 하던 것이 30분으로 줄어들게 될 거예요. 그러면 1시간 오글거릴 것이 30분으로 줄어들게 됩니다. 곧 30분만 참으면 되어요. "이 또한 다 지나가리라."라고 생각하시면 편집을 얼른 끝내고 다른 일에 집중하는 자신을 발견하실 겁니다.

영상에서 말을 잘하는 5가지 방법

발표 경험이 많으신 분들도, 강의가 업(業)인 분들도 영상 촬영을 하게 되면 긴장하실 때가 있어요. 많이 해 본 사람들도 그런데 촬영에 익숙하지 않으셨다면 카메라 앞에서 얼어있지 않은 것만 해도 대단한 것입니다.

그런데 초보 유튜버들과 대화를 나누다 보면, 카메라 앞에서 말을 잘 못하는 자신에게 실망하셨다고 하시더라고요. 그렇게 생각하지 않으셔도 됩니다. 우리는 카메라 앞에서 어떻게 이야기하는 게 좋은지 한 번도 배운 적이 없으니까 그런 거잖아요? 이제부터 영상에서 말을 잘하는 5가지를 몰래 알려 드릴게요. 이제 모두 영상에서 말씀 잘하시는 분들로 새로이 태어나실 거예요!

1. **무슨 말을 할지 미리 정리하라.**

   어떤 말을 할지 대본을 적어 보는 것이 좋습니다. 대본을 대사 하나하나 만드는 게 아니라 개요 정도만 정리를 하고 이야기하면 훨씬 매끄럽게 말씀이 나오실 거예요. 노트, 태블릿, 휴대전화, 포스트잇 어떤 곳이든 보기 편한 곳에 정리하셔서 한 번 그냥 읽어 보시고 흐름만 기억한 상태에서 이야기를 진행해 보세요.

2. **말을 천천히 해라.**

   말을 빨리하게 되면 버벅대거나 실수하기 십상입니다. 평소보다 말의 속도에 신경을 쓰고 말씀해 보세요. 말을 천천히 하시면 상황에 맞는 정확한 표현을 쓰게 되어 전달력이 높은 문장을 구사할 수 있게 됩니다.

   천천히 말하면 좋은 점은 발음도 또박또박하게 된다는 점인데요. 또박또박한 발음은 훨씬 더 잘 들리기 때문에 말을 더 잘하시는 것처럼 들린답니다.

3. **목소리를 평소보다 크게 하라.**

   영상 촬영하실 때 평소보다 목소리를 살짝 크게 하시면 깨끗한 음성이 들어가게 됩니다. 영상에서 목소리가 작으면 자신감이 없게 들릴 수도 있어요. 목소리만 분명해도 말하는 내용이 힘 있게 여겨집니다.

4. **마지막에 이야기를 정리해 줘라.**

   이야기를 다 하신 후에, 앞서 이야기한 내용을 요약해 주세요. 이야기를 다 듣고 정리를 해주시는 것만으로도 듣는 사람의 이해도가 높아집니다. 이해도를 높인다는 것이 말을 잘한다는 것과 같다고 생각합니다.

5. **편집하라.**

   편집하지 않은 상태에서 말을 잘하면 최고겠지만, 우리는 영상 콘텐츠에서 이야기하는 것이므로 편집이라는 기술을 활용할 수 있죠. 말을 더듬거나, 발음이 잘못된 경우, 앞뒤 말이 안 맞는 경우 등의 내용은 모두 잘라냅니다. 불필요한 사례 등도 잘라내면 핵심만 이야기하는 사람만 영상에 남게 됩니다.

유튜브 + 쇼츠 채널 개설부터 편집 방법과 업로드 전략까지!

유튜브
+ 쇼츠 크리에이터
쉽게 배우기

1판 1 쇄 인쇄 2023년 12월 25일
1판 1 쇄 발행 2023년 12월 30일

—

지 은 이 강민형
발 행 인 이미옥
발 행 처 디지털북스
정　　가 20,000원
등 록 일 1999년 9월 3일
등록번호 220-90-18139
주　　소 (04997) 서울 광진구 능동로 281-1 5층 (군자동 1-4, 고려빌딩)
전화번호 (02) 447-3157~8
팩스번호 (02) 447-3159

ISBN 978-89-6088-445-8 (13000)
D-23-14

DIGITAL BOOKS
디지털북스